AF389902

MÉMOIRE

DU
SIEUR BERGASSE,

DANS LA CAUSE

DU SIEUR KORNMANN,

CONTRE

LE SIEUR DE BEAUMARCHAIS ET LE PRINCE DE NASSAU.

Plenus sum sermonibus & coarctat me spiritus uteri mei... Loquar, & respirabo paululum .   JOB. CAP. XXXII.

Je suis plein des choses que j'ai à dire, & mon esprit est comme en travail , voulant enfanter toutes les pensées qu'il a conçue... Je parlerai donc , pour respirer un pen.

1788,

AU ROI.

S *IRE;*

   Un homme de bien dépose dans les mains de VOTRE MAJESTÉ *son honneur, sa liberté, sa vie.*

   Il est menacé.

   Il pouvoit fuir.

   En pensant à la noble action qu'il a faite, &
aux Vertus personnelles de VOTRE MAJESTÉ,

   Il demeure ,

DE VOTRE MAJESTÉ;

Le très-fidele & très-respectueux
Serviteur & Sujet ,
(*Signé*) BERGASSE.

Paris , le 11 *Juin* 1788.

A 2

AVANT-PROPOS.

J'AVOIS achevé ce mémoire, & il étoit presque entiérement imprimé avant l'édit qui a suspendu, dans toute l'étendue du Royaume, le cours de la justice.

Mon dessein étoit de le publier à l'époque où la cause du sieur Kornmann, qui est aussi devenue la mienne, seroit solennellement plaidée. Cette époque étoit fixée à la rentrée d'après Pâques.

Nous sommes dans les premiers jours du mois de Juin, & rien n'annonce que le cours de la justice doive être de long-temps rétabli; & de plus, telle est pour moi la fatalité des circonstances, que, quoi qu'il arrive, je n'ai désormais presqu'aucun espoir d'obtenir, dans une cause qui, cependant, est la cause des mœurs & de l'honnêteté publique, une décision favorable.

Les persécuteurs du malheureux pere de famille que je défends triomphent, & malgré l'infamie dont je les ai couverts, estimés nécessaires dans le moment présent, par quelques hommes en place, ils ont recouvré tout le crédit que je leur avois fait perdre.

M. Lenoir m'a déjà donné une preuve convaincante de la faveur dont il jouit. Le public n'a pas oublié l'arrêt du conseil qui a proscrit comme calomnieux, & qui plus est, comme *contraires aux bonnes mœurs*, les écrits que j'ai rédigés pour le sieur Kornmann, bien que ces écrits soient pleins de la morale la plus pure, bien que j'y aie prouvé, jusqu'à l'évidence, les prévarications odieuses que j'impute à ce Magistrat.

Et maintenant, je suis instruit que même le sieur de Beaumarchais, (on n'apprendra pas ce fait sans un étrange étonnement,) est aussi parvenu à se faire trouver digne de la confiance du gouvernement, & que parmi les chefs de l'administration, il en est qui n'ont pas rougi de traiter avec lui, & de mettre à profit, pour la circonstance actuelle, le genre de talens dont il est pourvu.

Puisque de tels hommes sont protégés, quand il y aura des tribunaux, quel sera le tribunal qui osera les condamner, & à quoi ne dois-je pas m'attendre de la part de ceux d'entre les dépositaires de l'autorité, dont ils auront servi les vues ambitieuses ?

Pour arracher le plus infortuné & le plus honnête des hommes, à tous les genres de persécution à la fois, intrigue, crédit, puissance, j'ai tout bravé ; mon honneur, ma liberté, ma vie même (1), j'ai tout compromis. J'ai laissé là mon danger, & je n'ai vu que mon devoir, décidé, s'il le falloit, à périr plutôt que de manquer à ce que demandoit de moi l'amitié malheureuse.

Elle étoit noble, cette action.

Et qu'ai-je gagné, en agissant ainsi ?

J'ai été diffamé dans les papiers publics ; un arrêt du conseil, ainsi que je viens de le dire, m'a déclaré, contre toute pudeur, rédacteur des libelles licencieux, &, ce qui est bien plus fort, je me trouve, depuis près d'une année, chargé des liens d'un double décret, par le caprice d'un premier Juge, qui s'est avisé de regarder comme un crime, ce que tous les honnêtes gens se sont accordés à regarder comme le dévouement d'une ame courageuse.

J'ai supporté toutes ces choses avec résignation, attendant le moment où les magistrats supérieurs, instruits de tant d'injustice, m'accorderoient pour recompense, le triomphe, trop différé, de l'honnête homme, dont j'ai entrepris la défense.

Je touchois à ce moment, & les magistrats supérieurs, seul refuge qui me restoit, me sont enlevés ; & pour le présent, je ne vois point de tribunal auquel je doive m'adresser : &, pour l'avenir, l'impunité étant promise à mes adversaires, je ne vois point de tribunal qui, malgré l'évidence de leurs crimes, ne doive les absoudre (2).

____

(1) Oui, ma vie.

(2) Il y a même quelque chose de plus. J'ai bien lu la nouvelle législation, & j'avoue que je ne sais pas, d'après certaines dispositions obscures que j'y ai remarquées, à quel tribunal je serai renvoyé. Je n'y vois pas si les causes criminelles de la nature de

Puisqu'il n'y a plus de juſtice à eſpérer pour moi, il faut au moins que ma réputation me reſte, & que l'eſtime des honnêtes gens me dédommage de ce que j'ai ſouffert, & de ce que je dois ſouffrir encore.

Il me convient donc de publier ce mémoire ; j'ai donc beſoin qu'on y apprenne combien peu j'ai mérité les outrages qui m'ont été faits.

———————————————————————————

celle-ci, ſont encore de la compétence du Parlement ; & dans le cas où le parlement s'en trouveroit dépouillé, je n'y vois pas encore ſi (les tribunaux inférieurs devenus grands bailliages, jugeant aujourd'hui en premiere inſtance & en cauſe d'appel), on ne me renverroit pas dans le tribunal même où préſide, au criminel, le magiſtrat dont j'ai tant à me plaindre.

Je ſerois donc jugé par mes ennemis.

Je me crois ſans paſſion comme ſans parti, & certainement perſonne n'eſt plus convaincu que moi des nombreux défauts de notre conſtitution judiciaire. Je dois même ajouter que je n'ai vu aucun magiſtrat éclairé, du premier ou du ſecond ordre, qui n'en déſirât ſincerement l'amélioration ou la réforme. Mais ſi on a voulu faire mieux que ce qui étoit, qu'on me permette de le dire, y eſt-on parvenu en inſtituant des tribunaux revêtus du pouvoir redoutable de juger au civil, & ſur-tout au criminel, en premiere inſtance, & en cauſe d'appel ? Croit-on que de tels tribunaux, étant compoſés de peu de perſonnes, les liaiſons entre les membres qui les compoſent y étant dès-lors plus intimes, les égards plus obſervés, un accuſé qui aura été condamné dans une chambre du tribunal, trouvera beaucoup de reſſources dans la chambre voiſine, & penſe-t-on que parmi des magiſtrats, chacun à leur tour, juges de premiere inſtance & juges d'appel, les ménagemens qu'on croira ſe devoir réciproquement, ne ſeront pas, preſque toujours, funeſtes à l'innocence ? Ajoutez à cela que de tels magiſtrats, en cas de prévarication, ne pourront être jugés que par leurs confreres, &, réfléchiſſez aux effets de la confraternité dans des tribunaux peu nombreux, & voyez ſi de tels tribunaux, inſtitués, je n'en doute point, dans des vues utiles, ne deviendront pas, contre ce qu'on en avoit eſpéré, des tribunaux oppreſſeurs pour les provinces où ils ſeront établis.

Je ne fais pas ces réflexions pour moi, qui ne ſerai pas jugé, mais opprimé : c'eſt l'intérêt tout ſeul de l'humanité qui me les arrache. Hélas ! j'ai vu trop ſouvent le pauvre aux priſes avec les paſſions de ſes juges, pour ne pas preſſentir ici combien, maintenant qu'elles n'auront plus de frein, ſon ſort va devenir déplorable.

Heureuſement, quoiqu'en aient dit les papiers publics, qui ont été induits en erreur d'une maniere bien incroyable, il eſt notoire que les tribunaux inférieurs, qui doivent être érigés en grands bailliages, ont proteſté, à l'exception d'un très-petit nombre, contre la légiſlation nouvelle, frappés ſans doute des inconvéniens que je viens de développer. Ces inconvéniens pourroient donc être encore prévenus.

Je le donne ici tel que je l'ai compofé pour les magiftrats fupérieurs auxquels il vétoit deftiné. Quoiqu'il n'offre que le développement d'une affaire particuliere, on y remarquera, fi on prend la peine de le lire jufqu'à la fin, des vérités importantes qu'on pouvoit dire à l'époque où je l'ai rédigé, & que je n'ai pas dû taire aujourd'hui, que les circonftances ont changé.

La vérité n'eft point à moi, elle eft à Dieu qui me la donne : & à la différence de ce Philofophe, qui difoit que s'il tenoit toutes les vérités dans fa main, il fe garderoit bien de l'ouvrir, moi, je me croirois bien coupable, fi les tenant auffi toutes dans ma main, je ne me hâtois de les répandre.

Je m'attends à tout.

Si, fous l'empire des Lois, on a pu me traiter avec auffi peu de décence & autant de dureté qu'on fe l'eft permis, maintenant que les Lois font muettes, & que les ennemis que m'a fait mon courage, fe trouvent unis d'intérêt avec quelques-uns de ceux qui ont efficacement contribué à la nouvelle révolution qui fe prépare, il eft dans l'ordre qu'on foit injufte envers moi, avec moins de fcrupule, & plus de hardieffe qu'auparavant.

On profcrira donc cet écrit avec des qualifications flétriffantes, comme on a profcrit les autres ; on me punira donc d'avoir ofé le produire, quoiqu'on fente bien qu'il y va de mon honneur de le produire : & comme un homme libre doit déplaire dans un moment de fervitude, on ira, je n'en doute pas, jufqu'à porter atteinte à ma liberté, & le miniftere facré que j'ai rempli auprès d'un ami malheureux, ne me fauvera fûrement pas de la fureur de ceux dont je me vois dans la néceffité de heurter les opinions & de braver la puiffance.

A la bonne heure ! Les événemens ne dépendent pas de moi.

Mon devoir feul m'appartient, &, quels que foient les événemens, j'ai toujours eu pour principe qu'ils ne pouvoient me difpenfer de faire mon devoir.

Cependant, fi le roi, déjà inftruit de cette affaire,

daignoit lire cet écrit ; tout ce que j'entrevois de
finiftre n'arriveroit pas. « Monarque honnête homme :
ce n'eft pas toi qui crains la vérité ; ce n'eft pas toi
qui accorde au crime une protection fcandaleufe ;
ce n'eft pas toi qui commande la violation des mœurs,
& qui impofe filence à la vertu ! Lis cet écrit, &
tu n'apprendras pas fans indignation, ce qu'on réferve
fous ton empire à celui qui ofe élever la voix en
faveur de l'innocence opprimée par l'autorité, & tu
me pardonneras mon courage, puifqu'enfin je fuis
venu dans un fiecle, où le courage d'un homme de
bien doit être pardonné ; & , pour prix de quelques
vérités utiles que tu verras ici répandues, tu feras
luire, fur la malheureufe famille à laquelle je me
fuis dévoué, & qui, déformais, n'efpere qu'en toi,
le jour de la juftice & de l'humanité ».

MÉMOIRE

MÉMOIRE

POUR le sieur BERGASSE;

CONTRE le sieur DE BEAUMARCHAIS & le Prince DE NASSAU.

LORSQUE j'ai entrepris la défense du sieur Kornmann, je ne me suis point aveuglé sur les dangers de toute espece que j'avois à courir.

Je dénonçois aux Tribunaux des hommes d'une artificieuse & profonde méchanceté.

Ces hommes, pour la plupart, étoient parvenus à ce degré de crédit, de dignité ou de puissance qui, parmi nous, n'assure que trop souvent l'impunité aux plus grands crimes.

Ainsi, c'étoit au plus haut période de leur fortune, & quand ils se croyoient absolument hors de l'atteinte des Lois, que je les saisissois, si je peux me servir de ce terme, & que compromettant par une accusation hardie toute leur existence, je les exposois à perdre en un instant le fruit d'un grand nombre d'années employées à mal faire.

Je leur nuisois donc autant qu'il étoit possible de leur nuire. Il étoit donc tout simple que, quoique je ne les eusse accusés qu'au nom d'un autre, je finisse par devenir pour eux, encore plus que celui au nom duquel je parlois, un objet de persécution & de vengeance.

Quand un événement imprévu porte le trouble dans le systême entier de vos jouissances, vous sentez, au fond de vos cœurs, toutes vos passions s'éveiller à la fois, pour vous préserver ou vous défendre.

Mais, sous l'empire des mêmes circonstances, les passions different comme les ames qui les éprouvent, généreuses ou viles, selon qu'elles se meuvent dans

B

une ame faine, ou qu'elles agitent une ame corrompue.

Ici, & je crois que je n'ai pas befoin de le prouver,
je n'éveillois que des paffions viles, la fourberie,
l'impudence, l'impofture audacieufe, la lâche hypo-
crifie : je devois donc m'attendre à tout ce que peuvent produire de telles paffions, lorfqu'elles font
portées au plus haut degré de fermentation & d'é-
nergie.

D'après cela, on penfe bien que j'ai vu, fans furprife, les ennemis du fieur Kornmann, devenus les
miens, recourir, pour déconcerter ma fermeté &
fatiguer, s'il fe pouvoit, mon courage au menfonge,
à l'intrigue, à la calomnie, aux manœuvres fourdes,
aux complots obfcurs, aux trames ténébreufes.

Et, comme parmi les ennemis du fieur Kornmann,
il s'en trouve un, poffédant, à la fois, toutes les
qualités nuifibles difperfées parmi les autres, on penfe
bien encore que c'eft fans furprife que j'ai vu cet
homme, accoutumé à faire le mal en tout fens, diriger en fecret tous les coups qu'on effayoit de me
porter, diftribuer contre moi tous les rôles, pref-
crire toutes les démarches, enchérir fur chaque projet
de vengeance, & les ordonner tous pour une fin plus
odieufe.

Ces chofes étoient néceffaires, & j'y comptois.

Mais, je l'avoue, il ne m'étoit pas venu dans la
penfée que le fieur de Beaumarchais, car c'eft de lui
que je veux parler ici, difpoferoit des événemens au
point que, pardevant les mêmes tribunaux où j'étois
occupé de le pourfuivre, je me trouverois un jour
réduit à la bizarre néceffité de me défendre.

On fait maintenant, & on n'a pas appris fans un
étonnement étrange, que, depuis plufieurs mois,
je fuis dans les liens de deux décrets : l'un, *d'affigné
pour être oui*, décerné à la requête du fieur de Beaumarchais ; l'autre, *d'ajournement perfonnel*, décerné
à la requête du Prince de Naffau, qui, dans toute
cette affaire, comme on le verra dans peu, n'a été
que l'inftrument aveugle de la haine du fieur de
Beaumarchais contre le fieur Kornmann & contre
moi.

Me voilà donc obligé de prouver que, pour avoir élevé la voix en faveur d'un pere de famille aussi honnête que malheureux, pour avoir empêché qu'il ne pérît, victime du systême de persécution le plus lâche & le plus atroce à la fois, pour m'être déclaré l'Apôtre des mœurs, dans une circonstance où elles étoient indignement outragées, je n'ai fait que remplir le devoir d'un homme de bien, je n'ai offensé aucune loi, je n'ai mérité aucune peine.

Ainsi c'est mon apologie qu'il me faut écrire.

Rien n'est, en général, monotone & fastidieux comme une apologie.

Pour rendre celle-ci intéressante, j'ai trouvé que je ne pouvois mieux faire que d'y parler beaucoup du sieur de Beaumarchais.

Je vais donc parler beaucoup du sieur de Beaumarchais.

Et d'abord, je dirai par quel enchaînement d'intrigues le sieur de Beaumarchais est parvenu à me faire charger des liens d'un double décret, & pourquoi il a provoqué ce double décret.

Ensuite, & mon récit achevé, je tâcherai, en examinant le double décret en lui-même, de faire sentir au sieur de Beaumarchais, par toutes les bonnes raisons dont je pourrai m'aviser, qu'il a peut-être manqué de prudence en m'obligeant de m'occuper de moi, dans une affaire où naturellement je n'avois aucun rôle personnel à remplir.

J'entre en matiere.

FAITS.

Je suis forcé de revenir ici sur des circonstances déjà connues.

On n'a pas oublié que quelques jours après qu'eut paru mon premier Mémoire dans l'affaire du sieur Kornmann, le sieur de Beaumarchais répandit, avec profusion dans le public, une feuille signée de lui, où, caractérisant ce mémoire avec toutes les expressions de la vengeance, il annonça qu'il avoit rendu plainte en diffamation contre ceux qu'il soupçonnoit

en être les auteurs ; qu'il n'auroit de repos que lorſqu'il leur auroit fait infliger *le châtiment* qu'ils mé-
ritoient ; & , qu'en attendant , il prenoit , en préſence des tribunaux & de ſes concitoyens , l'engagement ſolennel de démontrer , par un écrit appuyé
de pieces juſtificatives , que , de toutes les imputations qui lui étoient faites dans le mémoire publié
ſous le nom du ſieur Kornmann , il n'en étoit aucune
qui ne fût une affreuſe calomnie.

On n'a pas oublié que , répondant en peu de mots
à cette feuille mémorable , je dis , entr'autres choſes,
que la plainte que le ſieur de Beaumarchais avoit
rendue ne pouvoit être ſérieuſe , qu'elle me paroiſſoit
à la fois inutile & récriminatoire : inutile , en ce qu'elle
n'avoit pour objet que de découvrir quels étoient les
auteurs du mémoire qui l'avoit ſi cruellement offenſé,
& que ces auteurs , loin de ſe cacher , avoient avoué
publiquement leur ouvrage : récriminatoire , en ce que
poſtérieure , d'environ trois ſemaines , à une plainte
en calomnie , & en complicité d'adultere , que le
ſieur Kornmann avoit ſpécialement dirigée contre lui,
elle n'étoit évidemment imaginée que pour opérer une
diſtraction qui empêchât , ou qui éloignât le jugement
de cette premiere plainte , que d'ailleurs , quand à
l'écrit appuyé de pieces juſtificatives qu'il promettoit,
nous l'attendions , le ſieur Kornmann & moi ſans
beaucoup d'inquiétude ; mais que , comme d'après la
connoiſſance que nous avions avec tout le public de ſa
maniere de faire , nous ſuſpections un peu la ſincérité
des pieces qu'il pouvoit produire , nous demandions
qu'il dépoſât au greffe , toutes celles dont il feroit
uſage , afin , qu'au beſoin , le ſieur Kornmann pût en
prendre connoiſſance.

On n'a pas oublié qu'immédiatement après ma
réponſe à ſa feuille , le ſieur de Beaumarchais fit répandre par ſes affidés , qu'il ne tarderoit pas à remplir
l'engagement ſolennel qu'il avoit pris , qu'il étoit ſérieuſement occupé de rédiger un mémoire en *quatre*

parties , contre le fieur Kornmann ; que la premiere
partie paroîtroit inceffamment ; qu'elle étoit un chef
d'œuvre de raifonnement & de bonne plaifanterie , &
je crois que véritablement il le penfoit ; que deux ou
trois jours après que ce chef-d'œuvre auroit paru, il
donneroit la premiere repréfentation de fon opéra de
Tarare, piece unique en fon genre , & qui devant lui
valoir chaque jour les applaudiffemens du public fur
un de nos principaux théâtres , feroit rapidement perdre de vue le fieur Kornmann & fes triftes réclamations (1) ; que d'un autre côté, M. Lenoir faifoit tra-
vailler à un écrit où il prouveroit jufqu'à l'évidence la
fauffeté des imputations que le fieur Kornmann avoit
eu auffi l'imprudence de fe permettre contre lui ; qu'il
n'étoit cependant pas poffible que je puffe réfifter à
deux mémoires de la plus grande force ; combinés
avec un opéra , qu'on s'accordoit généralement à regarder comme devant faire époque dans les faftes de notre
littérature ; qu'ainfi ma défaite étoit certaine , & ma
honte inévitable.

On n'a pas oublié jufqu'à quel point les efpérances
du fieur de Beaumarchais furent trompées : comment, malgré des annonces fi faftueufes , le mémoire
de M. Lenoir , dénué de raifonnemens & de moyens ,
ne prouva que l'impuiffance où étoit ce *Magiftrat* de
fe juftifier des délits dont il étoit accufé ; comment
la premiere partie du mémoire du fieur de Beaumarchais , quoiqu'elle offrît un fyftême de calomnie ,
arrangé avec affez d'artifice , fe trouva , pour fon
malheur , écrite d'une maniere fi déplorable , qu'on
ne remarqua gueres que les inepties dont elle étoit

______

(1) Le fieur de Beaumarchais voulut d'abord punir le public de
l'accueil qu'il avoit fait à mon mémoire, en ne donnant pas fon
opéra de *Tarare* ; mais enfuite , en y réfléchiffant , il trouva que cet
opéra feroit la meilleure réponfe qu'il pourroit me faire , & il le fit
annoncer , comme je le dis ici , avec un appareil de louanges pré-
maturées dont il y a peu d'exemples.

remplie, & qu'on ne fit presqu'aucune attention au
syftême perfide qu'il y avoit développé. Quant à
l'opéra de *Tarare*, je puis le dire maintenant; il
eft certain dans nos mœurs, que s'il eût réuffi, ma
tâche devenoit très-difficile. J'étois parvenu à envi-
ronner d'un grand intérêt une caufe vraiment importante, & qui femble être celle de l'humanité entière ;
mais, on eft indulgent pour tout ce qu'on admire,
&, parmi nous, ce qu'on admire le plus, ce qui,
du moins, excite une fermentation plus durable, eft
un *Opéra*. Le fieur de Beaumarchais, auteur d'un
excellent *Opéra*, fe fût donc fait pardonner facilement tous fes crimes, & je ne me diffimulai pas
qu'au milieu des applaudiffemens journaliers qu'il eût
obtenus, la voix de l'infortuné pere de famille qu'il
avoit opprimé fe feroit inutilement fait entendre.
Heureufement pour moi, les paroles de l'*Opéra* de
Tarare, furent généralement trouvées mauvaifes,
l'opinion de nos bons efprits, que le fieur de Beaumarchais n'eft qu'un écrivain médiocre, fouvent même
un écrivain ridicule, devint, en peu de jours, l'opinion dominante, & j'échappai ainfi à un danger très-
réel, & qui ne m'avoit pas laiffé fans inquiétude.

On n'a pas oublié que cette combinaifon fingu-
liere, mais cependant affez adroite d'*Opéra* & de
Mémoire, n'ayant pas réuffi, le fieur de Beaumarchais, qui redoutoit un peu mes repliques, imagina
tout-à-coup de fe faire défendre, ainfi qu'à M. Lenoir
& à moi, d'écrire davantage dans l'affaire du fieur
Kornmann ; qu'en conféquence M. le lieutenant de
police me fit dire que l'intention du Roi, étoit que
nous gardaffions refpectivement le filence, que M.
Lenoir & le fieur de Beaumarchais avoient promis
de fe taire, & qu'on s'attendoit que je les imiterois
dans leur foumiffion. Le public, à cette époque, n'a
pas fu, qu'étonné d'un ordre fi extraordinaire, je
me rendis chez M. le lieutenant de police, pour lui

déclarer, qu'à quelque danger que je puisse être exposé, il m'étoit impossible d'obéir ; que je n'abandonnerois jamais l'honnête homme dont j'avois fait connoître l'innocence & les malheurs ; qu'au surplus, je demandois à voir l'ordre dont on me parloit ; que je ne pouvois croire qu'il existât, parce que je ne croyois pas que sous le regne d'un prince connu par son amour pour la justice, on pût empêcher un homme lâchement opprimé, d'élever la voix contre ses oppresseurs & de faire imprimer tout ce qu'il croyoit nécessaire au développement de sa cause, & à la manifestation de ses droits ; que si, contre mon opinion, l'ordre existoit, il avoit été évidemment surpris par l'effet de quelque manœuvre du sieur de Beaumarchais, qui, désespéré du peu de succès de la premiere partie de son mémoire, vouloit sans doute se dégager de l'obligation qu'il avoit contractée d'en publier la suite ; qu'on ne me faisoit pas prendre le change si aisément ; que le sieur Kornmann alloit se rendre auprès des Ministres, pour savoir par lui-même jusqu'à quel point mes conjectures étoient fondées ; & en effet, le sieur Kornmann vit le lendemain les Ministres, & il apprit de la bouche même de M. le garde-des-sceaux, que l'ordre dont on nous avoit parlé n'existoit pas ; que M. le lieutenant de police s'étoit mépris ; qu'on lui avoit fait dire simplement qu'on me recommandoit de ne plus rien faire imprimer sans la signature d'un avocat ou d'un procureur ; mais, qu'on n'avoit jamais pensé à exiger de moi que je me condamnasse à un silence honteux, & qui, dans la circonstance où je me trouvois, étoit incompatible avec mon devoir (1).

____

(1) Il paroît que M. le lieutenant de police avoit été ici le premier trompé ; & je dois dire que, lorsque je lui annonçai que le sieur Kornmann se rendroit à Versailles, il approuva ce parti ; qu'il m'exhorta même fortement à voir les ministres, pour me faire expliquer ce que cet ordre avoit d'extraordinaire, & en obtenir la révocation, dans le cas où il seroit aussi rigoureux qu'on le supposoit.

On n'a pas oublié que la liberté d'imprimer m'étant ainſi reſtituée, le ſieur de Beaumarchais qui, toujours, vouloit m'empêcher d'écrire, fit rendre, par M. le lieutenant-criminel, ſur les concluſions de M. le procureur du roi, une ordonnance portant *défenſes de nous communiquer les pieces juſtificatives* dont il avoit fait uſage dans ſon mémoire, & qu'il avoit dépoſées au greffe, ainſi que nous l'y avions invité : on ſait que ces pieces juſtificatives conſiſtoient dans pluſieurs *Lettres*, écrites par le ſieur Kornmann au ſieur Daudet ; on ſait encore que le ſieur de Beaumarchais n'avoit cité ces lettres que par lambeaux, & leur avoit donné, en les tronquant de toute maniere, en les altérant peut-être, & ſur-tout en leur adaptant un commentaire atroce, un ſens qu'elles ne pouvoient avoir. Il m'importoit donc de les lire en entier, afin de retrouver leur ſens véritable, & je ſoupçonnois d'autant moins que la communication dût nous en être refuſée, que le ſieur de Beaumarchais, dans ſon mémoire, avoit porté l'impudence juſqu'à ſommer le ſieur Kornmann de les reconnoître. Or, comment le ſieur Kornmann pouvoit-il les reconnoître, s'il ne lui étoit pas permis de les voir ? J'avois donc tout lieu de préſumer qu'on ne nous en refuſeroit pas l'inſpection ; mais comme on ſe perſuada que ſi la lecture m'en étoit interdite, toute reſſource pour répondre me ſeroit ôtée, les choſes s'arrangerent de maniere entre le ſieur de Beaumarchais, M. le procureur du roi & M. le lieutenant-criminel, que tandis que le ſieur de Beaumarchais paroiſſoit ſatisfaire à notre demande, en les dépoſant au greffe, & avoit ainſi l'air aux yeux du public, de faire avec nous preuve de franchiſe & de loyauté, M. le procureur du roi & M. le lieutenant-criminel nous rendirent ce dépôt abſolument inutile, par une ordonnance qui nous empêchoit d'en profiter. Au moyen de cet heureux concours de circonſtances, le ſieur Korn-

mann,

mann, inculpé par les fauſſes inductions que le ſieur de Beaumarchais avoit tirées de ſes lettres, étoit pour long-temps préſumé coupable, & ſa juſtification devenant impoſſible, au moins pour le moment, on ſe ménageoit tout le loiſir néceſſaire pour former contre lui une opinion propre à détruire l'intérêt qu'il avoit généralement inſpiré.

Enfin, on n'a pas oublié que, ſentant tout le danger qu'il y avoit à différer la juſtification du ſieur Kornmann, je me décidai à ne point attendre les pieces qui m'étoient refuſées, pour l'entreprendre ; que quoique privé des reſſources que leur examen auroit pu me fournir, je publiai deux écrits, l'un contre M. Lenoir, l'autre contre le ſieur de Beaumarchais ; que dans l'écrit contre M. Lenoir, je portai juſqu'à l'évidence la démonſtration des délits que le ſieur Kornmann lui avoit imputés ; que dans l'écrit contre le ſieur de Beaumarchais, bien qu'il fût rédigé à la hâte, je parvins cependant à prouver, en raſſemblant tous les lambeaux des lettres que le ſieur de Beaumarchais avoit diſperſées dans ſon mémoire, & en les dégageant du commentaire affreux qui les accompagnoit, que ces lettres faiſoient partie d'une correſpondance abſolument indifférente, & n'avoient pas le moindre rapport à la cauſe que je défendois ; que de plus, après avoir fait remarquer l'exceſſive méchanceté avec laquelle le ſieur de Beaumarchais avoit cherché à tirer parti de ces lettres contre le ſieur Kornmann, je profitai de la circonſtance qui m'étoit offerte, pour ajouter de nouveaux traits à la peinture effrayante que j'avois faite de ſon caractere dans mon premier mémoire, & fixer, par un petit nombre de réflexions énergiques, l'opinion que la plus ſaine partie du public a, depuis ſi long-temps, de ſon aſtuce audacieuſe, & de ſon incroyable talent pour la calomnie.

Tous ces faits étoient néceſſaires à rappeler, pour l'intelligence de ceux qui vont ſuivre.

C

Le ſieur de Beaumarchais n'ayant donc pu parvenir à m'empêcher de répondre, crut alors devoir s'attacher à deux choſes; d'abord à faire différer, autant qu'il le pourroit, le jugement de l'affaire du ſieur Kornmann, enſuite à mettre à profit le temps qu'il gagneroit pour affoiblir, non plus par des écrits de ſa façon, mais par des moyens plus ſourds & moins malheureux, le grand intérêt dont j'avois environné le ſieur Kornmann.

Il ne lui étoit pas bien difficile, influant, comme il le faiſoit, ſur M. le lieutenant-criminel & M. le procureur du roi, de traîner à ſon gré l'affaire en longueur, & d'en éloigner le jugement autant qu'il convenoit à ſes vues.

Etant donc à-peu-près certain que l'affaire ne ſeroit pas décidée par les premiers juges, que lorſqu'ils ne pourroient s'en diſpenſer, il s'attacha, ſans aucune diſtraction, à la ſeconde partie de ſon plan.

Et, en conſéquence, on le vit former, preſqu'à la fois, quatre projets.

Le premier fut de diſtribuer dans la Société des émiſſaires chargés d'annoncer par-tout que s'il ne répliquoit pas à mon ſecond Mémoire, c'eſt que ſa réponſe, qui ſeroit enfin victorieuſe, exigeoit un travail conſidérable; qu'il avoit trouvé des pieces déciſives contre le ſieur Kornmann; qu'après qu'on auroit lu ces pieces, on n'héſiteroit plus entre ſon adverſaire & lui, & que s'il différoit le combat, ce n'étoit que pour rendre ſa défenſe plus complette, & ſon triomphe plus mémorable.

Au moyen de ces propos adroitement répandus, le ſieur de Beaumarchais comptoit entretenir, dans la Capitale, un certain doute ſur l'innocence du ſieur Kornmann, & y refroidir ainſi le zele des partiſans nombreux que la juſtice évidente de ſes réclamations lui avoit mérité.

Le ſecond projet fut de faire inſérer de temps en

temps dans les papiers publics, des articles en son honneur, de nous y faire aussi de temps en temps diffamer le sieur Kornmann & moi ; sur-tout d'y présenter à tout propos, sous le jour le plus odieux, la cause que je défendois.

D'après cette idée, on vit le calomniateur accoutumé des gens de bien, le sieur Morande, rédacteur du courrier de l'Europe, insérer assez fréquemment dans sa feuille, quelques paragraphes où tantôt il tâchoit de s'égayer à nos dépens, tantôt il exaltoit outre-mesure, les nouveaux ouvrages du sieur de Beaumarchais, son *opéra*, même son *mémoire* ; tantôt il s'étonnoit de ce que la nation entiere, au milieu des discussions politiques si intéressantes auxquelles avoit donné lieu l'assemblée des notables, pouvoit faire une si grande attention à la cause d'un particulier, dont la conduite à son avis, n'étoit rien moins qu'irréprochable. (1)

D'après cette idée, on lut toutes les semaines, à peu près, dans un Journal particulier du sieur de Beaumarchais, intitulé : *Ma correspondance*, Journal qui s'imprime à Kehl, & que copient la plupart des gazettes allemandes, & presque toutes les gazettes françoises étrangeres, un article daté de Paris, & vraisemblablement rédigé par le sieur de Beaumarchais lui même, où l'on annonçoit que le sieur Kornmann, avec ses libelles dégoûtans, n'avoit obtenu qu'un succès éphémere, qu'il avoit perdu tous ses partisans, & que le sieur de Beaumarchais n'avoit eu qu'à se montrer pour le réduire au silence.

---

(1) Le sieur Kornmann a rendu plainte contre le courier de l'Europe, & contre le censeur & le propriétaire de cette feuille. Il n'a été décerné, par M. le lieutenant-criminel, aucun décret sur cette plainte, parce que calomnier le sieur Kornmann ou moi, n'est pas même une faute légere, tandis que dire la vérité sur le prince de Nassau & le sieur de Beaumarchais, est un délit grave qui, comme vous le verrez dans peu, a dû nécessairement exposer ses auteurs aux formalités de la justice les plus séveres.

D'après cette idée encore, les auteurs des nouvelles à la main, qui diftribuent de Paris dans les Provinces, les événemens vrais ou faux dont s'alimente, dans la capitale, la curiofité publique, convinrent pour la plupart de prodiguer les éloges les plus exceffifs aux plus minces productions de mes adverfaires; d'infulter ou de blâmer en toute occafion le fieur Kornmann, de jeter d'odieux foupçons fur les motifs qui avoient déterminé fon infurrection contre M. Lenoir & le fieur de Beaumarchais, & fur-tout de célébrer d'avance, à l'envi, le triomphe indubitable de ce dernier.

Au moyen de ce fyftême univerfel d'impofture, le fieur de Beaumarchais fe flattoit d'amortir, non plus à Paris fimplement, mais dans les Provinces & dans l'Europe entiere, la fenfation trop inquiétante pour fon repos, que le tableau des malheurs du fieur Kornmann, & l'opinion qu'il avoit donnée de fon courage & de fon honnêteté, y avoient généralement produite.

Le troifieme projet fut, quand il eut imaginé qu'à l'aide de tous les refforts qu'il avoit fait jouer, le public avoit dû fe refroidir un peu fur le fieur Kornmann, & fa caufe, de faire répandre les mémoires par ceux des adverfaires du fieur Kornmann qui n'avoient point encore parlé, où on effaya de traveftir en fautes légeres, en événemens de nulle valeur, les attentats odieux & les abus d'autorité révoltans, dont j'avois publié l'hiftoire.

De là, le mémoire de la dame Kornmann, qu'à la recommandation d'un homme de la cour, un de nos beaux-efprits, fameux par fa baffeffe & fa complaifance fervile pour les gens en place, ne craignit pas de rédiger ; mémoire, où l'on vit cette femme fi coupable, mais qu'il faut plaindre encore, puifque fes erreurs, dans le principe, n'ont pas été fon ouvrage, faire publiquement l'apologie de la vie licen-

-cieufe qu'elle avoit menée , infulter aux mœurs , en
avouant fes défordres plutôt pour s'en glorifier que
pour s'en repentir , & dans la circonftance la plus
déchirante pour une époufe & pour une mere , fubf-
tituer , en foulant aux pieds toutes les bienféances , le
ton tranquille du perfiflage & de l'ironie , au langage
troublé de l'égarement & de la douleur.

De là encore , un mémoire du fieur Daudet , en
forme de lettre à moi adreffée , où , au lieu de re-
pouffer férieufement l'accufation qui lui étoit intentée ,
ce perfonnage , d'une impudence égale à celle du
fieur de Beaumarchais , fe tourmentoit pour inventer
des faits bien impertinens , bien ridicules contre le
fieur Kornmann , & s'efforçoit d'exciter ainfi , dans
l'ame de fes lecteurs , un peu de cette joie indécente
& groffiere qui eft le partage accoutumé de la fociété
corrompue dans laquelle il a paffé fa vie.

Au moyen de ces différens écrits , le fieur de
Beaumarchais croyoit avancer l'ouvrage qu'il avoit
commencé dans les papiers publics , & en ôtant à
nos accufations toute leur force , & (s'il eft permis
de le dire) toute leur dignité , il fe perfuadoit qu'il
viendroit facilement à bout de faire regarder comme
une conteftation puérile , une caufe que j'avois préfentée malheureufement pour lui , fous un afpect
auffi impofant que redoutable.

Le quatrieme & dernier projet du fieur de Beaumarchais , fut de bâtir une grande maifon fur le Boulevard , voifin de la porte Saint-Antoine ; on n'imagine
pas d'abord quel rapport peut exifter entre la grande
maifon du fieur de Beaumarchais & le procès du
fieur Kornmann ; mais , n'eft-il pas vrai que le meilleur
moyen de n'être pas délaiffé dans une circonftance
périlleufe , c'eft d'affecter une contenance tranquille ?
Or , le fieur de Beaumarchais , en s'occupant de bâtir
pour lui un vafte édifice , au moment où il fe trouvoit
impliqué dans un procès où il y va des reftes de fa ré-

putation, donnoit à penfer qu'il n'avoit aucune inquiétude fur l'iffue de ce procès. On l'entendoit dire qu'il
étoit las des affaires, qu'il étoit temps pour lui d'exifter
en repos, qu'il fongeoit férieufement à fe retirer fur
le Boulevard, pour y vivre ignoré & tout-à-fait en
philofophe, qu'il lui tardoit de voir achever fa maifon, qu'il appeloit, avec un air de rêverie douce : *Le
tombeau du bon homme*, afin de s'y livrer dans la
fociété de fon époufe, *qu'il aimoit uniquement*, &
d'une vingtaine d'amis qu'il fe réfervoit pour fe diftraire, à quelques occupations innocentes qui puffent
faire le charme de fes derniers jours. Et de tout ceci,
j'ai vu d'honnêtes Parifiens inférer qu'il n'étoit cependant pas vraifemblable qu'un homme qui faifoit bâtir
une fi grande maifon, & qui avoit formé le fage deffein de fe retirer du monde fur le boulevard, fût coupable de tous les excès dont on l'accufoit, & conclure, avec une fagacité infinie, qu'il falloit que fes
ennemis fuffent bien méchans pour ne pas appercevoir, dans une conduite fi morale, des preuves certaines de fon innocence.

Au moyen de fa grande maifon, le fieur de Beaumarchais fe donnoit donc un air de fécurité propre à en
impofer à la multitude, & faifant avec fon architecte,
ce qu'il n'avoit pu faire avec fa plume, il ne doutoit
pas qu'il ne parvînt, à l'aide de celui ci, à fe procurer autant de partifans que fes écrits lui en avoient fait
perdre.

Voilà les quatre projets du fieur de Beaumarchais.
Aucun encore ne réuffit.

Ses Emiffaires ne firent pas la fenfation qu'il avoit
attendue. On ne crut point aux nouvelles pieces jufti-
ficatives qu'il avoit découvertes, à l'Ecrit fi victorieux
qu'il promettoit de rédiger. Malgré les impoftures du
fieur Morande, & des Gazetiers de toute efpece, qui
l'imitoient dans fes calomnies, mes mémoires réim-
primés au nombre de plus de cent mille exemplaires,

tinrent la France & la plupart des nations étrangeres
attentives aux moindres incidens de ce procès célebre,
l'écrit de la dame Kornmann n'excita que l'indignation
publique, & je la forçai de le désavouer, en annonçant que j'allois y répondre. L'écrit du sieur Daudet,
qui parut plus tard, fut à peine remarqué, & je le
forçai pareillement de le désavouer, en annonçant aussi
que j'allois y répondre. Quant à la maison du Boulevard Saint-Antoine, le préjugé qu'elle produisit en faveur du sieur de Beaumarchais, ne s'étendit pas, pour
l'honneur de la Capitale, à beaucoup de têtes, &
je crois qu'on imagine sans peine que les raisonnemens subtils dont elle fut l'occasion, ne me parurent
pas bien redoutables.

Cependant, tandis que le sieur de Beaumarchais s'é-
puisoit ainsi en combinaisons malheureuses, je ne de-
meurois pas tout-à fait dans l'inaction.

Attentif à l'observer jusque dans ses moindres démarches, j'avois compris dès le principe que, tant que l'affaire
du sieur Kornemann demeureroit à la merci de M.
le procureur du Roi & de M. le lieutenant-criminel,
j'aurois toujours, de sa part, quelque nouvelle manœuvre à déconcerter, quelque intrigue plus ou moins dangereuse à combattre.

Il me parut donc que je n'avois rien de mieux à
faire que de me procurer des juges d'une impartialité
plus sévere que ces deux magistrats, &, qu'en conséquence, je devois me hâter de saisir le Parlement, par
la voie la plus courte, de la connoissance de toutes les
procédures auxquelles le développement de la contestation avoit donné lieu.

D'après ce plan, je déterminai le sieur Cornmann à
interjeter trois appels.

Il étoit prouvé, tant par la procédure, que par les
écrits du sieur de Beaumarchais, qu'il étoit, non seulement complice de la séduction du sieur Daudet, mais qu'il
avoit diffamé, de la maniere la plus horrible, le sieur

Kornmann. Sur la procédure & sur ses propres écrits, le sieur de Beaumarchais devoit donc être décrété comme les autres accusés. Or , M. le lieutenant criminel , qui avoit lancé un *décret de prise-de-corps* contre le sieur Daudet , bien moins coupable , à mon avis , que le sieur de Beaumarchais , n'avoit pas même décrété celui-ci d'*assigné pour être ouï*. Appel , en conséquence , de la part du sieur Kornmann , de l'ordonnance de M. le lieutenant-criminel en ce que décrétant de prise-de-corps le sieur Daudet , il n'avoit pas décrété , au moins d'une maniere quelconque , le sieur de Beaumarchais.

Il étoit prouvé que la plainte du sieur de Beaumarchais , contre le sieur Kornmann & contre moi , dont j'ai parlé en commmençant , étoit postérieure à la plainte que le sieur Kornmann avoit spécialement rendue contre lui , & que , sous ce point de vue , ne tendant qu'à faire diversion à l'affaire principale, elle ne pouvoit être accueillie. Or, M. le lieutenant-criminel avoit rendu sur cette plainte , une ordonnance portant permission au sieur de Beaumarchais, d'informer. Appel , en conséquence , de l'Ordonnance de M. le lieutenant-criminel en ce que , contre tous les principes de l'ordre judiciaire , il avoit statué sur une plainte irréguliere , & , attendu les circonstances où elle avoit été rendue , absolument récriminatoire.

Il étoit prouvé que le sieur de Beaumarchais avoit tronqué de toutes les manieres , la correspondance du sieur Kornmann avec le sieur Daudet , & qu'il en avoit singuliérement abusé dans son mémoire. Or , cette correspondance, d'après les premieres maximes du bon sens & du droit naturel, ne pouvoit pas ne point devenir une piece commune entre le sieur Kornmann & le sieur de Beaumarchais ; car , le sieur de Beaumarchais s'en étant prévalu à toutes les pages de son écrit , il falloit bien de toute nécessité que le sieur Kornmann en prît connoissance pour se défendre ; &

cependant

cependant M. le lieutenant-criminel avoit rendu une ordonnance portant *défense* de la *communiquer* au fieur Kornmann. Appel, en conféquence, de l'ordonnance de M. le lieutenant-criminel, en ce que, contre les premieres maximes du droit naturel & du bon fens, il avoit empêché le fieur Kornmann, publiquement inculpé par le fieur de Beaumarchais, de prendre connoiffance des pieces fur lefquelles on l'inculpoit, & dont l'examen étoit indifpenfable pour fa juftification (1).

Je n'ai pas befoin de démontrer, je crois, que le parlement ne pouvoit ftatuer fur ces trois appels, fans prendre connoiffance de toute l'affaire. Alors, il arrivoit néceffairement de deux chofes l'une, ou, qu'après avoir examiné toutes les procédures, il jugeroit l'affaire à-peu-près affez inftruite, pour la retenir & la décider fans de plus longs délais, ou, que, s'il ne la trouvoit pas fuffifamment inftruite, remarquant la complaifance un peu trop vifible de M. le lieutenant criminel & de M. le procureur du roi pour les adverfaires du fieur Kornmann, il la renverroit pardevant d'autres juges pour en faire continuer l'inftruction.

Or, dans ces deux cas, la pofition du fieur de Beaumarchais devenoit affez difficile. Je le privois des deux magiftrats qui l'avoient, jufques-là, fi utilement fervi, &, le réduifant à fes propres forces, je l'engageois dans un combat férieux, que, malgré fes fuites & fes détours, il ne lui devenoit plus poffible d'éviter.

En une circonftance fi périlleufe, fon génie, fertile en inventions gauches, mais méchantes, ne l'abandonna pas: il trouva qu'il n'y auroit encore rien de

______

(1) Je reviendrai fur cette correfpondance, quand, enfin, il me fera permis de la voir. On l'a fouftraite avec trop de foin à notre infpection, pour que je ne fois pas convaincu qu'elle fuffit feule pour opérer la condamnation du fieur de Beaumarchais.

D

défeſpéré pour ſa cauſe , s'il pouvoit parvenir à m'écarter de l'arêne dans laquelle je voulois le contraindre à
deſcendre , & croyant appercevoir dans deux phraſes
que je m'étois permiſes en écrivant contre lui & contre
M. Lenoir , une occaſion propre à me faire courir un
danger perſonnel , ſi je continuois à m'occuper du ſieur
Kornemann , il imagina que la vue de ce danger
m'effrayeroit aſſez pour me déterminer à renoncer ,
ſans retour , à la tâche ſi noble que je m'étois
impoſée.

On ſe rappelera , ſans doute , que le ſieur de Beaumarchais , dans le mémoire qu'il a publié pour ſa
juſtification , citoit à tout propos le prince de Naſſau ,
qu'il le repréſentoit comme s'étant occupé de concert
avec lui , de ſouſtraire la dame Kornmann à l'inſpection
de ſon époux , & , qu'entr'autres choſes , il aſſuroit que
ce n'étoit qu'à la priere de ce prince , & de quelques
perſonnes raſſemblées chez lui , un jour que lui , ſieur
de Beaumarchais , s'y trouvoit à dîner , qu'il s'étoit
chargé des intérêts de la dame Kornmann.

On ſe rappelera , ſans doute auſſi , que M. Lenoir ,
dans ſa *foible apologie* , citoit pareillement , l'exemple du ſieur de Beaumarchais , le prince de Naſſau ,
& ſurtout la princeſſe de Naſſau ; qu'il diſoit que la
princeſſe de Naſſau avoit envoyé pluſieurs mémoires à
Verſailles pour obtenir la liberté de la dame Kornmann , & que , diſſimulant avec prudence les liaiſons
habituelles du prince & de la princeſſe de Naſſau ,
avec le ſieur Daudet , l'agent très-connu de toutes
leurs affaires , il s'efforçoit de perſuader qu'en accueïl-
lant leurs ſollicitations , il n'avoit cru favoriſer en aucune maniere le projet ſcandaleux de rapprocher la
dame Kornmann de ſon ſéducteur.

Dans le mémoire du ſieur Kornmann , en réponſe à
celui du ſieur de Beaumarchais , on liſoit ce paragraphe :
« Quels que puſſent être mes torts avec la dame de
» Kornmann , je le demande , quel étoit le titre du

» fieur de Beaumarchais pour s'interpofer entre l'au-
» torité & moi, & la fouftraire, foit à l'infpection de
» fa famille, foit à ma propre infpection? Les parens
» de la dame Kornmann affemblés, l'avoient-ils chargé
» de fa défenfe? Au nom de qui parloit-il? Et la mif-
» fion qui lui étoit donnée chez le prince de Naffau,
» par quelques hommes corrompus, & quelques
» femmes fans pudeur, fuffifoit-elle pour le déterminer
» à jouer le rôle odieux que je lui reproche aujour-
» d'hui? »

Dans le mémoire du fieur Kornmann en réponfe à
M. Lenoir, on lifoit ce paragraphe : « M. Lenoir
» convient lui-même qu'il n'a pas ignoré que madame
» la princeffe de Naffau follicitoit, comme le fieur de
» Beaumarchais, la liberté de la dame Kornmann.
» Or, M. Lenoir fait très-bien que madame la prin-
» ceffe de Naffau avoit des liaifons intimes avec le fieur
» Daudet, & il ne voudroit pas fans doute que je ré-
» vélaffe ici tout ce qu'il m'a dit de ces relations. Donc
» M. Lenoir, en laiffant agir madame la princeffe de
» Naffau, n'a fait autre chofe que favorifer le fieur
» Daudet, & procurer à mon époufe les moyens de
» fe rapprocher de fon féducteur ».

Or, qu'imagine le fieur de Beaumarchais? il extrait
du premier paragraphe, cette phrafe : « la miffion qui
» lui étoit donnée chez le prince de Naffau, par quel-
» ques hommes corrompus & quelques femmes fans
» pudeur, fuffifoit-elle pour le déterminer à jouer le
» rôle odieux que je lui reproche aujourd'hui? » Il ex-
extrait du fecond paragraphe cette autre phrafe :
« M. Lenoir fait très-bien que madame la princeffe de
» Naffau avoit des relations intimes avec le fieur Daudet,
» & il ne voudroit pas fans doute que je révélaffe ici
» tout ce qu'il m'a dit de ces relations ». Et avec ces
deux phrafes, le voilà qui fe perfuade qu'il a trouvé
tout ce qui eft néceffaire pour m'effrayer & me réduire
ainfi tout-à-fait au filence.

En conféquence, (il importe de le fuivre ici, avec quelque attention, dans fes combinaifons nouvelles) d'abord, on m'apprend que mes deux mémoires en réponfe à ceux de M. Lenoir & du fieur de Beaumarchais, ont été envoyés au prince de Naffau, lequel étoit alors en Crimée ; que les deux phrafes ci-deffus tranfcrites l'ont tranfporté de colere ; qu'il a juré de fe venger ; qu'il arrive dans le deffein de me faire repentir de l'audace avec laquelle j'ai parlé de lui ; que ma vie n'eft pas en fûreté, & que je n'ai rien de mieux à faire que de m'éloigner.

Je réponds avec beaucoup de tranquillité, que je trouve que le prince de Naffau fait un grand voyage pour bien peu de chofe ; que j'aurois pu m'exprimer fur fon compte d'une maniere tout autrement févere que je ne me le fuis permis ; que s'il étoit bien confeillé, il me fauroit gré de ma modération ; que s'il étoit mal confeillé, il pouvoit tenter toute efpece de voie pour me faire porter la peine de ce qu'on appeloit mon audace ; mais, que tout ce qu'il effayeroit, ou tout ce qu'il oferoit, ne m'infpireroit jamais aucun effroi : que j'étois au deffus de la crainte, fur-tout quand je rempliffois mon devoir, & qu'il n'y avoit pas, certes, de devoir plus noble, plus digne d'une ame élevée, que celui que j'étois occupé de remplir.

Enfuite, & à quelques jours de là, on m'avertit que le prince de Naffau eft en effet arrivé ; que fon premier foin a été de fe rendre chez les miniftres ; qu'il s'y eft plaint avec amertume de l'outrage que je lui ai fait : qu'il fe forme fur ma tête un orage épouvantable, &, qu'encore une fois, il étoit de la prudence que je m'éloignaffe.

Je réponds, toujours avec beaucoup de tranquillité, que j'attends l'orage, que j'en ai conjuré de plus terribles ; qu'au furplus, quoi qu'il puiffe m'arriver, je trouverai dans mon ame autant de réfignation pour fupporter le mal qui me fera fait, que j'y ai trouvé

de courage pour pourfuivre le bien que je voulois faire.
J'ajoute que je ne crois pas que le prince de Naffau ait
follicité, comme on l'affure, l'autorité contre moi ; que
lorfque j'ai commencé ma pénible tâche, je n'ai im-
ploré, ni follicité l'autorité de perfonne : que, depuis,
pour me fouftraire aux dangers de toute efpece qu'on
a voulu me faire courir, on ne m'a pas vu fatiguer les
miniftres de mes réclamations ou de mes plaintes ; que
feul, avec ma confcience & mon devoir, j'ai attaqué,
fans balancer, la troupe d'hommes la plus dangereufe
qui exifte aujourd'hui, foit par fes liaifons puiffantes,
foit par la longue habitude qu'elle a du crime & des
moyens de fe garantir de l'atteinte des lois ; qu'en ceci,
du moins, le prince de Naffau doit m'imiter, & qu'il
me refte de lui une opinion affez avantageufe, malgré
le rôle qu'il a joué dans l'affaire du fieur Kornmann,
pour être perfuadé que les démarches, felon moi, bien
odieufes qu'on lui prête, ne font pas véritables.

Enfin, & quand on s'apperçoit que les tournures
effrayantes ne réuffiffent pas, je vois venir à moi quelques perfonnes qui entreprennent de me perfuader qu'il
feroit fâcheux cependant que je fuffe obligé de fonger à
ma propre défenfe, dans une affaire qui m'eft abfolument étrangere ; qu'il eft des démarches qui, fans me
compromettre, peuvent m'éviter les défagremens auxquels il n'eft que trop probable que je vais être expofé,
& que fi je veux me donner quelques foins, peut-être
il me fera facile d'empêcher l'éclat dont on me menace.

Je ne fais fi je me trompe ; mais il me parut que,
dans cette circonftance, on ne cherchoit qu'à m'en-
traîner dans quelque démarche équivoque, (car j'efpere
qu'on n'attendoit pas de moi une lâcheté), & qu'on
fe feroit enfuite prévalu de cette démarche, pour dire
qu'on étoit enfin venu à bout de me faire connoître la
crainte, & m'enlever ainfi, en un moment, l'eftime
publique que je croyois avoir méritée.

Quoi qu'il en foit, toujours également tranquille,

e répliquai que je ne faisois la guerre que lorsque je ne pouvois m'en difpenfer ; qu'il étoit poffible que le prince de Naffau , dans tout ce qu'il avoit fait , relativement au fieur Kornmann , eût moins agi d'après fa volonté propre que d'après des fuggeftions perfides , dont il ne connoiffoit pas la noirceur ; que je ne trouvois point extraordinaire qu'il eût des liaifons avec le fieur de Beaumarchais;qu'on pouvoit fans honte aujourd'hui chercher à fe diftraire du ton réellement un peu monotone de la bonne compagnie , en vivant par fois dans la mauvaife ; qu'il étoit donc tout fimple qu'il eût fréquenté , comme tant d'autres , cet homme mal famé , fi l'on veut , mais au dire de bien des gens , d'un goût , il eft vrai , peu difficile , tout auffi amufant par fes plaifanteries *parlées* , qu'il l'eft peu par fes plaifanteries *écrites* ; qu'il pouvoit donc y avoir un moyen de faire regarder la conduite du prince de Naffau , dans l'affaire du fieur Kornmann , comme l'effet d'une complaifance un peu trop grande pour le fieur de Beaumarchais , comme une fuite de l'ufage où font certaines perfonnes de tout accorder , fans beaucoup d'examen , à l'homme chez lequel elles ont l'habitude de fe mettre tout-à-fait à leur aife ; que fi ce moyen m'étoit fourni , que fi le prince de Naffau difoit feulement qu'il avoit été trompé , je m'empref-ferois dans mes premiers écrits , à expliquer les phrafes qui l'avoient affligé , d'une maniere qui pût le fatis-faire ; mais , que ce n'étoit qu'à ce prix que je pou-vois promettre une telle explication , & qu'on ne devoit pas s'attendre que je m'abaiffaffe au point d'ex-cufer une faute trop réelle , avant qu'on m'eût mis dans le cas de le faire avec la nobleffe qui convenoit à mon caractere.

J'étois , comme on voit , très-raifonnable ; mais ce n'étoit pas de la raifon qu'on me demandoit , c'étoit ou de la crainte , ou une fauffe démarche.

Or, malheureusement, rien de tout cela n'étoit possible.

Que faire donc ?

Après bien des combinaisons, on trouve qu'il ne reste plus d'autre parti à prendre que de m'intenter, avec mes deux phrases, un procès très-sérieux. D'après cette idée, le prince de Nassau rend plainte en diffamation contre le sieur Kornmann, & surtout contre moi ; & afin que rien n'y manque, le fameux commissaire Chénon est choisi pour recevoir la plainte, & entendre les dépositions des témoins.

Ici, certainement, on espéroit deux choses : ou que, me voyant enfin l'objet d'une persécution ouverte de la part des ennemis du sieur Kornmann, j'y penserois, comme on dit, à deux fois ; & que, pour me tirer d'embarras, j'entraînerois peut-être le sieur Kornmann, par la considération de mon intérêt personnel, à quelque système de pacification déshonorant pour lui : ou que, vivement irrité de me trouver compromis dans une affaire à laquelle je n'avois pris part, que déterminé par tous les sentimens de justice & d'humanité qui peuvent émouvoir une ame honnête, je me livrerois, en écrivant encore quelques mémoires, aux mouvemens si naturels d'indignation qui devoient m'agiter.

Dans le premier cas, on obtenoit ce qu'on désiroit le plus.

Dans le second cas, comme on savoit que je n'ignorois point que beaucoup de personnages importans soutenoient en secret mes adversaires, on se flattoit que nommant, par la nécessité de mon sujet, quelques-uns de ces personnages, je pourrois encore écrire quelques phrases, avec lesquelles on me feroit encore quelques procès. Ainsi de procès en phrases, & de phrases en procès, on éloignoit le jugement de la cause du sieur Kornmann, & comptant sur ma vivacité naturelle, on espéroit me donner tant de dégoûts, me

dérouter de tant de manieres, qu'enfin, on m'empêcheroit d'y songer.

Il faut le dire ici: j'ai toujours eu la cruelle habitude,
quand on imagine que je vais faire une chose, d'en
faire précisément une autre.

La plainte du prince de Nassau, qui devoit tant
m'irriter, n'excita pas en moi le plus léger trouble.
Si-tôt que j'en fus informé, je pris le parti d'attendre
avec beaucoup de patience qu'elle me fût légalement
connue par quelque décret, par exemple, ou quelque
ordonnance de M. le lieutenant-criminel, décidé à ne
m'en occuper qu'alors, & songeant, à l'exemple du
sieur Kornmann, à interjeter, à la premiere occasion,
appel au parlement, de tout ce que M. le lieutenant-
criminel trouveroit bon de statuer contre moi, pour
servir, suivant sa coutume, la passion de mes adversaires.

D'ailleurs, estimant cette plainte ce qu'elle valoit,
& devinant à merveille qu'elle n'étoit qu'un incident
imaginé par le sieur de Beaumarchais, pour se faire
perdre de vue, au milieu des embarras qu'il comptoit
me susciter, je me déterminai à resserrer mon drame
autant qu'il désiroit que je l'étendisse ; & le trouvant
déjà suffisamment chargé d'épisodes, je me promis
bien, quoi qu'il fît, de ne pas le compliquer davantage, par l'introduction de quelque personnage
nouveau.

Ainsi, la scene se trouvant libre de tout acteur qui
n'y étoit pas absolument nécessaire, & mes regards
ne se fixant pas sur une trop grande quantité d'objets
à la fois, je pouvois toujours suivre de l'œil les mouvemens irréguliers de l'espece de *Scapin-Tartuffe* que
j'avois en tête, & malgré leur prestesse & leur variété,
il me devenoit facile de le ramener sans cesse au rôle
d'acteur principal, qu'il avoit tant de répugnance à
remplir.

Mon

Mon plan arrangé de cette maniere , je demeurai parfaitement tranquille.

Deux mois se passent environ , pendant lesquels je n'entends pas parler de la plainte.

Enfin , les féries du palais arrivent.

Alors , tous mes adversaires restant dans le silence , aucun , du moins comme on l'a vu , n'ayant osé sérieusement me répondre , je crus pouvoir , sans inconvénient , me rendre dans ma famille , afin de m'y occuper de ma santé , presqu'entiérement détruite.

Vous observerez qu'à cette époque , le parlement siégeoit à Troyes ; que l'exercice de la justice étoit à-peu-près suspendu dans la capitale ; qu'au milieu du deuil public qu'occasionnoit la translation du parlement , aucun avocat , aucun procureur ne vouloit se permettre l'acte judiciaire le plus indifférent , & que , par une fermeté très honorable pour eux , ils attendoient tous le rétablissement des magistrats supérieurs dans le lieu accoutumé de leurs fonctions, pour reprendre le cours de leurs occupations ordinaires.

Vous observerez de plus que le sieur de Beaumarchais , qui a toujours veillé d'une maniere très-particuliere à ma sûreté , & qui ne m'a jamais laissé manquer d'espions , étoit parfaitement instruit de mon départ , que je ne dissimulois d'ailleurs à personne ; que je suis parti , non pas de nuit , mais de jour ; non pas sous un nom emprunté , mais sous le mien ; non pas caché dans une voiture publique , mais dans ma voiture , vue pendant plusieurs jours chez le sieur Kornmann.

Or , maintenant , écoutez.

Je pars le 11 septembre.

Le 14, au soir , un huissier porte deux exploits chez le sieur Kornmann , tous les deux contenant une ordonnance de M. le lieutenant-criminel qui , nous décrétant l'un & l'autre d'ajournement personnel , nous enjoint de comparoître pardevant lui pour être interrogés sur les faits à notre charge dans la plainte du prince de Naſſau, avec menacé, ſi nous ne comparoiſſons pas dans trois jours, de convertir, au bout de ce terme, le décret d'ajournement perſonnel en décret de priſe-de corps.

J'ai beſoin de faire appercevoir ici toute la noirceur de cette manœuvre.

J'avois annoncé, en quittant Paris, que je me rendrois directement à Lyon, lieu de ma naiſſance, & mon domicile ordinaire ; que je n'y ſéjournerois qu'une demi-journée ; que de-là, j'irois à Marſeille, où je demeurerois ſix ſemaines, & que de Marſeille je reviendrois à Lyon, où je réſiderois un mois environ, avant que de retourner à Paris. Ma marche étoit auſſi connue que mon voyage.

D'après cette marche, j'avois recommandé qu'on ne m'écrivit qu'à Marſeille ; le ſieur Kornmann ne pouvoit donc me donner que dans cette derniere ville, la nouvelle du décret porté contre moi. Or, la poſte pour Marſeille, ne part que les mardis, jeudis & ſamedis, & le 14 ſeptembre, jour où l'on avoit eu connoiſſance des exploits, étant un vendredi, le ſieur Kornmann ſe trouvoit forcé d'attendre au lendemain pour m'inſtruire du danger que je courois.

Voilà donc à-peu-près deux jours de perdus.

De plus, les courriers emploient ſix jours pour ſe rendre de Paris à Marſeille, &, en ſuppoſant que je fuſſe parti de Marſeille à l'inſtant où j'aurois reçu les dépêches du ſieur Kornmann, il m'auroit encore fallu au moins ſix jours pour retourner à Paris.

Ce n'étoit donc gueres qu'au bout de quatorze jours environ, que je pouvois arriver pour me défendre.

Il m'étoit donc d'une impoſſibilité phyſique de comparoître dans le délai de trois jours qui m'étoit fixé.

En cette extrêmité, le ſieur Kornmann, de l'avis de ſes conſeils, ſe préſente au greffe criminel du Châtelet.

Là, il déclare que nous sommes appelans de la plainte, de la permission d'informer, & de toute la procédure instruite contre nous à la requête du Prince de Nassau ; que nous nous réservons de faire valoir les moyens de notre appel, lorsque des circonstances heureuses auront rappelé le parlement aux fonctions de son ministere dans la capitale, & attendu l'impossibilité où nous sommes de réclamer dans le moment sa justice, il proteste, tant en son nom qu'au mien, de nullité & d'irrégularité de tout ce qui seroit fait au préjudice de sa déclaration ; de plus, il ajoute, à mon égard, qu'étant parti depuis peu de jours pour Marseille, il est impossible que je comparoisse dans les trois jours indiqués, & qu'il est nécessaire de m'accorder les délais prescrits par l'ordonnance, pour les personnes absentes.

L'appel parmi nous, comme on sait, ne suspend pas, en matiere criminelle, le cours d'une procédure, à moins que le parlement ne défende, par un arrêt, de passer outre.

Mais, dans le court espace de trois jours qui nous étoit fixé, le sieur Kornmann n'avoit pas le temps de se pourvoir au parlement, séant à Troyes, pour obtenir de telles défenses.

Malgré son appel & sa protestation, il étoit donc toujours obligé, lui, se trouvant à Paris, de se présenter, avant les trois jours expirés, pardevant M. le Lieutenant Criminel, pour subir son interrogatoire.

En conséquence, le même jour de sa déclaration, il se rend chez ce magistrat, & lui fait demander le moment où il lui plaira de l'interroger.

M. le lieutenant-criminel répond qu'il donnera son jour & son heure ; puis le sieur Kornmann apprend que, quoiqu'on ait allégué de ma part l'impossibilité physique où je suis de me trouver à Paris dans le délai qui m'est fixé, on veut cependant que je me présente avec lui, avant l'expiration de ce délai, &

qu'autrement , on eft décidé à me *décreter de prife-de-corps.*

Le fieur Kornmann , indigné de tant d'injuftice, fe rend à Verfailles pour en porter fes plaintes à M. le Garde-des-Sceaux , feul recours qu'il pût avoir dans l'abfence des magiftrats fupérieurs.

Se reffouvenant qu'il a été accueilli de M. le garde-des-fceaux avec bonté , lorfque , quelques mois auparavant , il eft venu s'informer auprès de lui , comme on l'a vu plus haut , s'il m'étoit défendu d'écrire , il demande avec inftance à le voir.

On lui dit que M. le garde-des-fceaux eft trop occupé des affaires publiques , pour qu'il puiffe en efpérer un moment d'audience.

Il fe décide alors à lui écrire une longue lettre , dans laquelle , après avoir développé avec toute l'énergie d'une ame révoltée , le complot déteftable qu'ont formé fes ennemis pour me priver de ma liberté , il le fupplie de vouloir bien interpofer l'autorité de fon miniftere , afin que M. le lieutenant-criminel m'accorde au moins des délais fuffifans pour me rendre à Paris.

Le fieur Kornmann croyoit qu'on fe reffouvenoit encore , à Verfailles , de la générofité courageufe avec laquelle , en le défendant , j'avois attaqué des hommes jufqu'alors réputés formidables , & que , par pudeur feulement , quand ce ne feroit pas par un fentiment naturel d'équité , on viendroit à mon fecours , dans une circonftance où l'on ne pouvoit me laiffer opprimer fans une véritable honte.

Le fieur Kornmann fe trompa. Les circonftances avoient abfolument changé ; les hommes que j'avois attaqués avec tant d'énergie , avoient repris un peu de crédit dans ce pays de corruption & d'intrigue , & il fe trouva qu'il étoit de la prudence que M. le garde-des-fceaux ne fît aucune réponfe.

Le fieur Kornmann retourne donc fans réponfe à Paris.

A son retour, & le 20 du même mois de septembre, M. le lieutenant-criminel lui assigne une heure, pour comparoître par-devant lui.

Le sieur Kornmann arrive à l'heure indiquée.

M. le lieutenant-criminel, dans cette séance remarquable, prend avec lui deux tons différens : le ton de Juge & le ton d'ami.

Comme Juge, M. le lieutenant-criminel lui demande s'il avoue les mémoires qui ont paru sous son nom, notamment ceux où il est parlé du prince de Nassau, & pourquoi il les a répandus dans le public avec tant de profusion ?

Le sieur Kornmann répond qu'il les avoue, & qu'il se fait gloire de les avouer ; que le prince de Nassau, dans ces mémoires, n'est pas traité d'une maniere aussi sévere qu'il le mérite ; que si ce prince eût été en France à l'époque où son affaire a éclaté, il auroit nommément rendu plainte contre lui, comme contre un des principaux auteurs de son infortune ; qu'il ne l'a épargné jusqu'au moment où il parle, que parce qu'il a regardé comme une espece de lâcheté de le poursuivre pendant qu'il étoit absent ; mais, qu'après la maniere odieuse dont il vient de se conduire, il n'a plus de ménagemens à garder, & qu'il est décidé à ne pas l'épargner davantage ; quant à la profusion avec laquelle on lui reproche d'avoir distribué ses mémoires, le sieur Kornmann ajoute, qu'ayant affaire à des hommes puissans, il avoit pensé qu'il devoit les accabler de tout le poids de l'opinion publique, & que, pour former cette opinion redoutable, il avoit trouvé qu'il n'avoit rien de mieux à faire que de manifester & de répandre le plus qu'il étoit possible, les preuves de leurs crimes.

Comme ami, M. le lieutenant-criminel veut appaiser le sieur Kornmann ; il lui représente qu'il vit en 1787, que tout ce dont il se plaint est autorisé par l'usage, par l'exemple des personnages les plus distin-

gués par leur naiſſance ou leur rang ; que s'il étoit à
ſa place , il garderoit le ſilence ; qu'il s'étoit mal-à-
propos laiſſé ſéduire par l'amour-propre d'un auteur ,
(c'étoit de moi qu'on parloit ,) dont la tête exaltée
l'entraîneroit infailliblement dans des démarches qui
finiroient par le perdre ; qu'il falloit renoncer à la
métaphyſique de cet auteur , (il vouloit dire à ma
morale :) que M. Lenoir , le prince de Naſſau , le
ſieur de Beaumarchais étoient très-protégés , & que ,
quand on avoit le malheur d'avoir en tête des adverſaires puiſſans , il étoit de la ſageſſe de ſe réſigner au
mal qu'ils vouloient nous faire. (1)

Le ſieur Kornmann répond qu'il eſt étonné de trouver dans la bouche d'un magiſtrat un langage ſi peu
digne de la ſévérité de ſon miniſtere ; qu'il parle , lui ,
le langage des mœurs , de la liberté lâchement ou-
tragée ; des premieres & des plus ſaintes lois de la
nature , ſcandaleuſement méconnues ; que l'autorité ,
le crédit , la puiſſance , dans la poſition où il eſt , &
quand on lui a tout ôté , ne ſont plus que de vains
noms , peu propres à lui inſpirer de l'effroi , qu'il
s'honore d'avoir adopté la métaphyſique de ſon dé-
fenſeur , ou plutôt ſa morale ſi douce , ſi ſimple & ſi
vraie ; qu'au ſurplus le combat qu'il livre à ſes adverſaires , eſt *un combat à mort* , & que , juſqu'à ce
qu'il ait obtenu la juſtice éclatante qu'il réclame , il
ne ceſſera de les pourſuivre , quelque danger qu'on
veuille lui faire courir.

____

(1) Il paroît que le crédit des adverſaires du ſieur Kornmann
faiſoit une forte impreſſion ſur l'eſprit de M. le lieutenant-criminel.
Tout le monde connoît en Angleterre le fameux mot de *Lord Manſ-
field* , chef de la cour du banc du roi , lors du jugement du
procès en adultere de Lady Groſvenor , avec le duc de Gloceſter ,
frere du Roi : « *Meſſieurs* , dit-il aux jurés , vous avez à pro-
» noncer entre le *frere du Roi* , & *Milord* Groſvenor : que la
» qualité de l'une des parties ne vous en impoſe pas ; jugez entre
» le prince & le lord , comme vous jugeriez entre A & B »; Et
le frere du roi fût condamné à vingt mille guinées de dommages
& intérêts. Il y a loin de *Lord Mansfield* à M. le lieutenant-
criminel.

M. le lieutenant-criminel reprend alors sa physionomie de juge, & venant à ce qui me concerne, il lui déclare qu'il sait que je suis à Paris, que je me cache, qu'il en est positivement instruit par le prince de Nassau & le sieur de Beaumarchais, & que le lendemain, puisque je ne me suis pas présenté, il *me décrétera de prise-de-corps.*

On voit que c'étoit un vrai besoin pour M. le lieutenant-criminel que de me décréter de prise-de-corps.

Le sieur Kornmann, au plus haut période d'étonnement & d'indignation, affirme sur son honneur que je suis dans ma famille, ne soupçonnant à coup sûr en aucune façon, la maniere dont on me traite à Paris, attendu que, dans l'état de délabrement où est ma santé, il n'a pas encore cru devoir m'en instruire; il ajoute qu'il est bien étrange qu'on ose me soupçonner d'une lâcheté, après les preuves si publiques que j'ai données, de mon caractere & de mon courage; qu'il est bien odieux qu'on veuille, sur le témoignage de deux hommes intéressés à ma perte, & de deux hommes sur-tout tels que le prince de Nassau & le sieur de Beaumarchais, consommer à mon égard une iniquité sans exemple; & puis, comme il avoit peine à contenir les mouvemens dont il étoit agité, il s'exprime, sur le prince de Nassau & sur le sieur de Beaumarchais avec une vérité si sévere, que M. le lieutenant-criminel, sentant qu'il ne gagneroit rien à l'interroger davantage, prend le parti de lever la séance, mais toujours en annonçant qu'il *me décrétera de prise-de-corps.*

En quittant M. le lieutenant-criminel, le sieur Kornmann, qui redoute toujours ce malheureux décret, va trouver Me. Brazon, son procureur : il lui expose tout ce qui vient d'entendre. Me. Brazon, après une courte délibération, prend le parti de se présenter au greffe, comme mon procureur fondé; & là, il proteste de nouveau contre tout ce qui sera ordonné au préjudice de la déclaration, qu'il réitere, que je suis absent, & de la demande qu'il fait, une seconde fois, en mon nom, de délais suffisans pour me repréfenter. (1).

Ce n'eft pas tout. Tandis que le fieur de Beaumarchais déterminoit le prince de Naffau à nous pourfuivre ainfi avec tant de vivacité, il trouva qu'il pouvoit auffi, de fon côté, nous faire quelque mal.

Six mois à-peu-près s'étoient écoulés depuis qu'il avoit annoncé au public, dans fa feuille mémorable, qu'il avoit rendu plainte contre nous. Pendant ces fix mois nous n'avions pas entendu parler de fa plainte, & comme je lui avois montré tout en débutant qu'elle étoit abfurde, comme de plus, nous en avions inter-jeté appel, je m'étois perfuadé qu'il ne s'étoit pas occupé de la fuivre.

J'avois tort. Le 19 feptembre, veille du jour où vous venez de voir que le fieur Kornmann a prêté fes réponfes chez M. le lieutenant-criminel, fur la plainte du prince de Naffau, un huiffier porte au domicile du fieur Kornmann, une ordonnance qui le *décrete d'affi-gné pour être oui*, en conféquence de la plainte du fieur de Beaumarchais.

Vous obferverez que la date de l'ordonnance eft du 22 août précédent, & que n'ayant été fignifiée que le 19 feptembre, il fe trouve un intervalle, de fa fignifi-cation à fa date, d'environ un mois.

Enfuite, trois jours après, c'eft à-dire, le 22 feptembre, le même huiffier porte chez le fieur Korn-mann, une autre ordonnance qui *me décrete* auffi *d'affigné pour être oui*, en conféquence pareillement

---

(1) Je ne puis me refufer à la fatisfaction de dire ici combien, dans cette circonftance, & dans tout le cours de l'affaire du fieur Kornmann, Me. Brazon a montré de zele, de dévouement & d'in-telligence. On honore fa profeffion, & on mérite l'eftime de tous les gens de bien, quand on l'exerce avec le défintéreffement, la fermeté, & la nobleffe dont Me. Brazon a déjà donné plus d'une preuve en d'autres occafions.

de

de la plainte du fieur de Beaumarchais ; l'ordonnance
eft ici datée du 22 feptembre , comme l'exploit par
lequel elle m'eft fignifiée.

Vous demanderez , fans doute , pourquoi, fi la date
de l'ordonnance portant décret, d'*affigné pour être oui*,
contre le fieur Kornmann eft véritable , ce que je fuis
loin d'affirmer, (parce que je n'affirme que ce que je
fais pofitivement) , le fieur de Beaumarchais a tenu
cette ordonnance fecrete un mois environ , fans la faire
fignifier ?

Pourquoi? le voici : c'eft que le 22 août , à la date
de l'ordonnance , portant décret *d'affigné pour être
oui*, contre le fieur Kornmann , j'étois à Paris , &
qu'on redoutoit peut-être un peu que je ne publiaffe
quelque écrit, où j'aurois expofé , avec ma franchife
ordinaire, ce que je penfois de l'ordonnance , & de
celui qui l'avoit follicitée , & de celui qui l'avoit rendue.
Il falloit donc attendre que je fuffe abfent , afin de fe
garantir des vérités fâcheufes qui pouvoient m'échapper.

Vous demanderez , fans doute auffi , pourquoi le
fieur Kornmann ayant été *décrété d'affigné pour être
oui*, le 22 août, fur la plainte du fieur de Beaumarchais , je n'ai été, moi, *décreté* fur la même plainte ,
que le 22 feptembre ?

Pourquoi ? le voici : c'eft qu'encore une fois, j'étois
à Paris le 22 août, & que je n'y étois pas le 22 feptembre. L'information à laquelle le fieur de Beaumarchais avoit fait procéder , ne pouvoit , il eft vrai ,
prouver le 22 feptembre, ce qu'elle prouvoit le
22 août ; c'eft-à-dire , ceci certainement : que le
fieur Kornmann avoit figné & publié des mémoires
contre le fieur de Beaumarchais , & que j'avois
rédigé ces mémoires ; fi donc on n'avoit pas jugé que
je duffe être décrété le 22 août, pour avoir rédigé ces
mémoires , je fens qu'au premier coup-d'œil il doit
vous paroître abfurde qu'on ait jugé le contraire le 22
feptembre , mais , j'étois là le 22 août pour démon-

trer à M. le lieutenant-criminel que ce n'étoit pas sans d'excellentes raisons que je m'étois déterminé à rédiger les mémoires du sieur Kornmann, & le 22 septembre, à deux cents lieues de Paris, comme on l'imaginoit, on avoit calculé que je n'arriverois jamais à temps pour lui exposer ces raisons. Or n'arrivant pas à temps, & mes adversaires s'obstinant à me dire caché à Paris, malgré la déclaration du sieur Kornmann & de mon procureur fondé ; & les délais demandés en mon nom pour comparoître m'étant en conséquence refusés, il devenoit tout naturel de convertir le *décret d'assigné pour être oui*, du sieur de Beaumarchais, en *décret d'ajournement personnel*, & puis enfin, aussi en *décret de prise-de-corps*. Ainsi, je me trouvois dans les liens de deux DÉCRETS DE PRISE-DE-CORPS ; & vous voyez, alors, que s'il étoit tout simple que le 22 août je fusse innocent, il étoit tout simple aussi que le 22 septembre, dans les mêmes circonstances & sur le même fait on me présumât coupable.

Quoiqu'il en soit, le sieur Kornmann, en ce qui le concerne, adopte ici la même marche qu'avec le prince de Nassau. Il proteste contre le *décret d'assigné pour être oui*, que le sieur de Beaumarchais a fait décerner contre lui ; il réitere, en tant que de besoin, l'appel qu'il avoit déjà interjeté, comme je vous l'ai dit précédemment, de la plainte du sieur de Beaumarchais, & de la permission d'informer qui lui avoit été accordée ; il appelle de tout ce qui a été ordonné sur cette plainte, & puis, les magistrats supérieurs étant toujours absens, pour se conformer à la loi, il déclare qu'il est prêt à se rendre chez M. le lieutenant-criminel, à l'effet d'y prêter ses réponses.

Ce n'est pas encore tout. M. Lenoir avoit aussi un puissant intérêt à me nuire.

Le public pensoit que, depuis mon premier mémoire, M. Lenoir avoit perdu tout son crédit ; mais, il est des hommes qui ne le perdent jamais, entiérement : ce sont ceux qui font le bien sans goût,

& le mal fans volonté, feulement, parce qu'il eſt
des circonſtances, où, je ne ſais comment, on s'a-
dreſſe à eux pour faire le bien & d'autres circonſtances plus fréquentes, où on a beſoin d'eux pour
faire le mal. M. Lenoir étant du petit nombre de
ces hommes précieux, tenoit donc encore à la faveur
par beaucoup de liens ſecrets. Or, on lui perſuade de
profiter de ſa poſition & de dire, contre ſa conſcience,
qu'il a beſoin de ſa réputation pour continuer ſes
ſervices; que tout le monde ſait que je l'ai bleſſé
dans ſon honneur; que cela eſt cependant inſup-
portable, &, *attendu qu'on croit parmi nous à tout
ce qui ſe rencontre dans un arret du conſeil*, qu'il lui
faut abſolument un arrêt du conſeil pour le laver
des imputations que je lui ai faites.

En conſéquence, le voilà qui ſort de l'eſpece de
ſtupeur dont je l'avois frappé, & qui, profitant auſſi
de mon abſence, ſe met en campagne pour réuſſir.
M. Lenoir va doucement, mais va bien. Dans cette
circonſtance, il prend ſa route par les grands-ſei-
gneurs; il intéreſſe à droite & à gauche, tous ceux
dont il a ſervi les paſſions aux dépens des miſérables, (& le nombre n'en eſt pas médiocre), & ſouvent heurté dans ſon chemin, ne ſuivant jamais la
ligne droite, mais allant toujours, il arrive enfin à
obtenir *ſérieuſement* un arrêt du conſeil qui, donnant à pluſieurs de mes mémoires, la qualification
de libelles, atteſte à la nation que les faits qui s'y
trouvent à la charge de M. Lenoir ſont faux, &
les *ſupprime* à la fois *comme calomnieux & contraires
aux bonnes mœurs*.

Ainſi, M. Lenoir fut déclaré honnête-homme!

Il faut s'arrêter un peu.

J'étois donc décrété d'ajournement perſonnel; à
la requête du Prince de Naſſau, & décrété d'aſſigné
pour être ouï, à la requête du ſieur de Beaumarchais. Ces deux décrets, attendu mon abſence, alloient
donc être convertis l'un plutôt, l'autre plus tard, en
décrets de priſe-de-corps, & de plus, un arrêt du
conſeil me proclamoit, en attendant mieux, rédac-

teur de libelles & diftributeur de calomnies ! C'é-
toit bien des infortunes à la fois !

Or maintenant, il eft temps de le dire, que fe
propofoit-on avec ces décrets & cet arrêt ? Toujours
la même chofe : toujours de m'éloigner de ce malheureux champ de bataille, où je m'étois montté trop
redoutable.

On vient de voir que j'étois parti de la capitale avec
une fanté très-dérangée, & qui demandoit tous mes
foins. Il n'étoit donc pas naturel de penfer que, pour
obéir à deux décrets de prife-de-corps, je reviendrois
à Paris fubir tous les inconvéniens d'une prifon. Je
devois donc, à coup-fûr, en apprenant la nouvelle
de ces décrets, en lifant enfuite cet arrêt, qui m'inculpoit d'une maniere fi cruelle, prendre le parti de
fuir, de quitter le royaume au moins pour quelque
temps, & la chofe paroiffoit fi certaine, que le fieur
de Beaumarchais difoit, à qui vouloit l'entendre (1),
que j'étois réellement en fuite, & qu'il imprimoit
même qu'il m'avoit fait une telle peur, avec fon
prince *revenu de Crimée*, que j'avois pris le parti
de m'en aller en Amérique.

Etant ainfi une fois éloigné du combat, & après
ce qui venoit de m'arriver, perfonne, à ce qu'on
efpéroit, n'ofant déformais entreprendre la défenfe
du fieur Kornmann, on comptoit qu'il ne refteroit
plus de grands efforts à faire pour confommer fa
ruine.

Tout cela fembloit affez probable ; mais, dans les
combinaifons probables, il fe rencontre fouvent des
élémens qu'on n'apperçoit pas, & qui en décon-
certent tous les réfultats.

Il y avoit ici un élément dont on ne faifoit pas
affez de compte. C'étoit mon caractere. Le fieur de
Beaumarchais n'avoit calculé, dans la conduite qu'il
me prêtoit, que d'après ce qu'il eût fait lui-même
en femblable circonftance, & il ne fentoit pas affez

---

(1) Dans le journal intitulé : *Ma Correfpondance*, on m'a fait
partir pour l'Amérique.

qu'il ne lui appartient pas plus de se mettre à ma place, qu'il ne m'est possible, à moi, de descendre à la sienne.

On a vu que le sieur Kornmann n'avoit pas trouvé convenable de m'instruire, à cause du mauvais état de ma santé, de tout ce qui se passoit à Paris contre moi.

Cependant, quelques jours après qu'il eut subi son interrogatoire, on trouva qu'il étoit de la prudence qu'il m'en informât.

Il m'apprit donc d'abord les deux décrets, & la fantaisie de M. le lieutenant-criminel de les convertir en décrets de prise-de-corps ; il ajouta que, pour empêcher les effets de sa mauvaise volonté, il n'avoit plus d'espoir que dans le retour du Parlement, qu'on assuroit heureusement être très-prochain ; d'ailleurs, il ne me parla pas de l'arrêt du conseil, que M. Lenoir avoit bien obtenu, mais qu'il ne connoissoit pas encore, attendu qu'il n'étoit ni imprimé, ni affiché.

Je répondis que les décrets de prise-de-corps n'avoient pas de quoi m'effrayer ; que je voyois très-bien que si on les décernoit, ce ne seroit que pour me contraindre de m'éloigner de la capitale, que je ferois précisément encore ici, comme en d'autres occasions, tout le contraire de ce qu'on attendoit ; qu'en conséquence, si les vœux de la nation pour le retour du parlement dans le lieu accoutumé de ses fonctions, n'étoit pas exaucés, & si on n'avoit pas le temps de se pourvoir à Troyes pardevant lui, pour empêcher M. le lieutenant-criminel de passer outre, il falloit laisser faire M. le lieutenant-criminel ; que seulement on devoit avoir soin de m'envoyer un exprès au moment où il auroit converti mes décrets, en décrets de prise-de-corps, qu'à l'apparition de cet exprès, je partirois pour retourner à Paris ; qu'en arrivant, je descendrois chez M. le lieutenant-criminel lui-même, afin de lui déclarer vue j'étois présent, & que pour obéir à ces décrets, j'allois me constituer prisonnier au Châtelet ; qu'en effet, je me rendrois aux prisons du Châtelet ; que je favois bien que ma détention ne pouvoit y être longue, attendu que je ne doutois pas que dès que le parlement feroit inftruit d'une vexation fi odieufe, il ne fe hâtât de la faire ceffer; mais, que dût-elle durer plus que je ne penfois, on pouvoit compter fur ma patience comme fur mon courage, & s'en rapporter entiérement à moi fur les moyens que j'emploierois pour la rendre fatale. & au juge qui n'auroit pas craint de l'ordonner, & aux hommes qui auroient eu le malheur de l'obtenir.

Cette lettre écrite, je me tins bien tranquille, attendant les défenfes du parlement de paffer-outre, ou un exprès.

L'exprès n'arriva pas, &, autant que je me le rappelle, au commencement du mois d'octobre, environ huit jours après ma lettre, le fieur Kornmann m'écrivit que le parlement étoit enfin de retour, qu'on n'avoit pas ofé aller en avant davantage, que, fur une requête qu'il avoit préfentée aux Magiftrats fupérieurs, il avoit obtenu que nous ferions entendus à une Audience fixée au 24 octobre, & que toutes chofes à notre égard demeureroient en l'état où elles étoient jufqu'à cette époque.

D'ailleurs, encore point de nouvelles de l'arrêt du confeil.

Enfin, le 15 du même mois, un de mes amis m'envoie un exemplaire imprimé de l'arrêt, &, dans la lettre qui accompagne cet exemplaire, je trouve qu'il a été affiché avec profufion, que les ennemis du fieur Kornmann en triomphent, qu'ils continuent à répandre que je fuis en fuite, & que, finon pour moi, du moins pour le fieur Kornmann, il importe, en quelque état que foit ma fanté, que j'abrege mon voyage & que je reparoiffe.

Cette lettre me décide à rompre tous mes projets; je trouve qu'en effet, il convient de tempérer un peu la trop grande activité des ennemis du fieur Kornmann, & partant fur-le-champ, j'arrive affez à temps encore pour trouver quelques débris de l'Arrêt du conseil, sur les murs de la capitale.

Puisque j'y suis, il faut, pour n'y plus revenir, que je dise ce que je pense de cet arrêt du conseil.

Je crois que je n'avance qu'une fait incontestable, en assurant, qu'il a excité dans le public plus que de la surprise. Il est de principe parmi nous que les tribunaux ordinaires peuvent seuls statuer sur la propriété, l'honneur & la vie des citoyens, que le conseil n'est que juge de l'observation de la loi, & que ni en matiere civile, ni sur-tout en matiere criminelle, il n'a le droit de l'appliquer.

Ainsi, tous les jours l'arrêt d'une cour souveraine est cassé par le conseil, s'il n'est pas dans les formes prescrites par la loi, mais, le conseil, en le cassant, comme hors des formes de la loi, ne peut se réserver l'affaire, soit civile, soit criminelle, sur laquelle l'arrêt a statué, & il est tenu d'en renvoyer la connoissance à une autre cour.

Tel est notre droit public. Je n'ai pas besoin, je pense, de prouver qu'il nous importe de le conserver ; car, il me semble qu'on voit très-clairement que si le conseil pouvoit légalement, en cassant des arrêts, retenir le fond des affaires sur lesquelles ces arrêts ont statué, il finiroit par envahir toute l'autorité des tribunaux, & que l'arbitraire le plus terrible seroit introduit dans les jugemens.

D'après cela, il a paru très-étrange qu'aucun arrêt des tribunaux ordinaires, n'étant intervenu dans l'affaire du sieur Kornmann, & le conseil, dès-lors, ne pouvant en être légalement saisi, on lui fît déclarer faux & calomnieux les faits malheureusement trop véritables que j'ai développés, à la charge de M. Lenoir, dans les mémoires que j'ai publiés.

Si l'affaire du sieur Kornmann étant entiérement instruite, le parlement eût prononcé sur le mérite des accusations auxquelles elle a donné lieu, & si M. Lenoir, mécontent de l'arrêt qui feroit intervenu, l'eût déféré au conſeil, comme contraire aux formes établies par la loi, tout ce que, dans cette hypothèſe, eût pu faire légalement le Conſeil, pour favoriſer la demande de M. Lenoir, eût été de caſſer l'arrêt, & de renvoyer M. Lenoir & ſon accuſateur, pardevant un autre parlement, pour y être de nouveau jugé.

Mais, dans ce cas là même, il n'eût pu ſupprimer, & ſur-tout avec des qualifications déshonorantes, aucun des écrits publiés par l'une des parties dans le cours de la conteſtation ; & cela, parce qu'en ſupprimant, & ſur-tout en qualifiant ces écrits ; en déclarant, par exemple, contraires à la vérité les faits qu'ils renferment, il ne ſe fût pas conſtitué ſimplement juge de la forme ou de l'obſervation de la loi ; mais, encore juge du fond ou du droit des parties, juge des accuſations intentées, & on vient de voir que ce n'eſt pas là ſon miniſtere, & que ſpécialement en matiere criminelle, il ne peut agir ainſi ſans bleſſer les regles les plus eſſentielles de notre droit public, celles qui garantiſſent encore un peu les foibles & derniers reſtes de nos libertés.

Or ici, l'affaire du ſieur Kornmann n'étoit rien moins qu'inſtruite ; elle ſe pourſuivoit dans les tribunaux ordinaires ; le parlement en avoit à peine pris connoiſſance ; il n'avoit pas prononcé un ſeul arrêt ſur aucune des accuſations qu'elle embraſſe : elle n'étoit donc pas mûre pour le conſeil, qui, encore une fois, ne peut ſtatuer que ſur les arrêts des cours.

Et voilà cependant que, ſans aucune formalité, ſans que les parties aient été entendues, ſans que les charges, les informations, les pieces d'après leſquelles j'ai écrit aient été examinées, on fait déclarer au conſeil, lequel, comme vous le voyez, dans aucune circonſtance, ne peut être juge des perſonnes, lequel n'a donc le droit de ſtatuer, ni ſur l'innocence de M. Lenoir, ni ſur l'honneur du ſieur Kornmann, ni ſur

le

le mien ; voilà qu'on lui fait déclarer de la maniere la plus solennelle, que mes mémoires sont des libelles, qu'ils inculpent à tort M. Lenoir, que M. Lenoir est innocent, & que le sieur Kornmann & moi, nous sommes des calomniateurs.

Tout cela, il faut l'avouer, sort absolument de l'ordre accoutumé de notre jurisprudence ; & si, pour favoriser M. Lenoir, on étoit décidé à méconnoître cet ordre, on conviendra sûrement qu'il étoit au moins décent de nous traiter, le sieur Kornmann & moi, avec un peu plus de modération & de justice.

Ce n'est pas tout. Non-seulement l'arrêt du conseil déclare mes mémoires faux & calomnieux, mais il les supprime encore comme contraires aux bonnes mœurs. Ici, la surprise du public a redoublé ; car, enfin, dans mes mémoires, je ne me suis attaché à autre chose, en développant tout le système des lois naturelles qui constituent le véritable ordre social & domestique, qu'à prouver que, de tous les délits, celui qui attaque le plus essentiellement cet ordre, celui qu'il importe par conséquent le plus de réprimer, est l'adultere ; que, du peu de fidélité dans les mariages, résultent tous les vices qui désolent la société, que de l'union des époux, au contraire, naissent toutes les affections, toutes les habitudes qui, en nous rendant bons, nous rendent également heureux.

Or, si c'est-là écrire contre les mœurs, on écriroit donc pour les mœurs, en établissant que l'adultere est utile en soi, qu'il ne nuit en rien, ni à la paix des familles, ni à l'ordre de la société ; qu'il est le principe de toutes les vertus publiques & particulieres, & qu'on ne peut s'occuper de le réprimer sans porter atteinte au bonheur général & individuel : c'est bien un peu ce qu'a soutenu l'auteur du mémoire de la dame Kornmann ; aussi son écrit n'a-t-il pas été supprmé. Mais, il faut avouer que, jusqu'ici, cette maniere de penser avoit passé pour scandaleuse ; qu'elle n'étoit pas

celle du grand nombre , & , qu’avant l’arrêt du confeil, il eût paru tout auſſi abſurde de prétendre que
mes *Mémoires* ſont *contraires aux bonnes mœurs*,
que de ſoutenir que l’*évangile* eſt contraire à la *religion.*

Telles ont été les réflexions auxquelles a donné lieu,
dans le public, l’arrêt du conſeil.

Moi, j’avoue que je n’ai pas penſé comme le public.

En liſant cet arrêt avec attention, j’ai trouvé ,

1°. Que je n’avois pas le droit de m’en plaindre , &
cela parce qu’il a été viſiblement accordé à M. Lenoir,
à cauſe de la pitié ſi naturelle qu’il inſpire. L’uſage
eſt , lorſqu’on ſupprime un libelle , de défendre à ſon
auteur de récidiver, ou de lui enjoindre d’être plus cir-
conſpect à l’avenir. Ici , on n’a fait ni au ſieur Kornmann , ni à moi , aucune défenſe, aucune injonc-
tion de ce genre. On a donc ſenti au fond que nous
avions raiſon ; on n’a donc voulu faire autre choſe que
conſoler , que ſoulager un peu M. Lenoir , qui s’agite
bien moins pour démontrer qu’il eſt innocent , que
pour être délivré de l’embarras de prouver qu’il n’eſt
pas coupable. Or , j’aurois tort de me fâcher de tout
ceci , puiſque moi-même , dans mon mémoire en réponſe au ſien , ému de tout ce qu’il ſouffroit j’ai eſſayé
d’en faire , pour le public, un objet de pitié , bien plus
que de haine , & qu’en conſéquence, je me ſuis attaché à faire croire qu’il n’eſt pas né méchant , quoique
je n’aie que de méchantes actions à lui imputer; que
ſes fautes peuvent bien être en partie l’effet des circonſtances où il s’eſt trouvé, & que s’il fût venu dans
un temps où il eût eu beſoin d’être honnête-homme
pour parvenir , ſon intérêt alors étant d’être honnête-
homme, il le feroit facilement devenu.

2°. J’ai trouvé que cet Arrêt , quoique viſiblement
accordé à l’eſpece de compaſſion qu’inſpire M. Lenoir,
n’avoit pas été obtenu ſans une ſurpriſe faite à l’autorité, ſoit par lui , ſoit par ſes protecteurs; [car,
(il faut le répéter) M. Lenoir & le ſieur de Beau-

marchais ont des protecteurs, & l'infortuné pere de famille que je défends n'en a point :] voici mes raisons.

J'ai publié quatre écrits contre M. Lenoir ; deux ont été imprimés en contravention aux réglemens de la librairie, parce qu'à l'époque de leur impression, l'influence de M. Lenoir ne me permettroit pas de trouver un censeur qui les autorisât de sa signature, & que je n'ai pas dû hésiter entre un réglement de police, qui m'empêchoit de remplir mon devoir, & la plus impérieuse de toutes les lois divines, qui m'ordonnoit de voler au secours d'un honnête homme, victime de la persécution la plus lâche & la plus cruelle. Les deux autres ont paru dans une forme légale, c'est-à-dire, revêtus de la signature d'un procureur au parlement.

Or, dans ces deux derniers, j'expose précisément les mêmes faits que dans les deux premiers ; & cependant, le conseil ne les supprime pas (1). Que conclure de tout cela ? De deux choses l'une :

Ou que le conseil veut qu'on regarde comme faux, dans les premiers mémoires, les faits que j'impute à M. Lenoir, & permet qu'on les regarde comme vrais, dans les seconds ; ce qui, je crois, seroit une absurdité :

Ou que M. Lenoir a dissimulé, je ne sais comment, l'existence des seconds mémoires, quoique tout le monde les connût, & cela, parce qu'étant revêtus de la signature d'un procureur au parlement, ils attestoient qu'il y avoit au parlement une instance entre lui & le sieur Kornmann, & que la circonstance d'une instance dans les tribunaux ordinaires, auroit sûrement empêché qu'on ne lui accordât sa demande. Au moyen de cette petite supercherie, on conçoit qu'il n'aura pas été difficile à M. Lenoir d'obtenir l'Arrêt dont il s'agit ici. Il aura invoqué les réglemens de la librairie ; il se sera montré affligé, humilié ; il

____

(1) L'arrêt du conseil ne parle ni de mes *premieres*, ni de *secondes observations* contre M. Lenoir.

aura crié au *libelle*, & , tout en penſant en ſecret que mes mémoires ne ſont pas des libelles , on aura fini par lui en accorder la ſuppreſſion ; mais , avec da confiance intime , & très raiſonnable néanmoins , que cette ſuppreſſion n'en empêcheroit ni le débit , ni la lecture. Il me ſemble que je raconte les choſes comme elles ſe ſont paſſées.

3°. J'ai trouvé que la qualification *contraire aux bonnes mœurs* , appliquée à mes mémoires , dans l'arrêt du conſeil, n'avoit pas de quoi ſurprendre. Cette quali-fication eſt ſûrement de ſtyle, comme il eſt de ſtyle dans les bulles portant condamnation d'héréſies , d'appeler toujours *malſonnante* , *impie* , *blaſphématoire* , toute pro-poſition qui ne s'accorde pas avec la doctrine de l'égliſe de Rome, ſoit qu'elle s'en éloigne beaucoup, ſoit qu'elle en differe ſeulement un peu. Il en eſt de cette magni-ficence de mots , comme de certains habits de céré-monie , qui ne vont pas également bien à toutes les tailles , mais qu'à chaque cérémonie on ne peut réfor-mer ſur chaque taille , à cauſe de la dépenſe & du temps perdu. Ainſi , la perſonne qu'on aura chargé de rédiger l'arrêt , aura trouvé , dans ſon *protocole* de qualifications , au mot *libelle* , la double épithete de *calomnieux* , & de *contraire aux bonnes mœurs* ; & M. Lenoir ayant dit que mes mémoires étoient des libelles , parce qu'ils n'avoient pas paru dans une forme légale , cette perſonne accoutumée à ſa rou-tine , aura tiré de ſon *protocole* la double épithete uſitée dans la condamnation des écrits de ce genre , & en aura naïvement gratifié mes mémoires , ne ſuivant en cela que l'uſage , & ne s'appercevant pas que , pour cette fois du moins , l'uſage étoit ridicule. Voilà , n'en doutez pas , comment mes mémoires ſont devenus contraires aux bonnes mœurs.

Au fait ; l'adminiſtration , parmi nous , eſt trop éclairée pour ne pas ſentir que la premiere de toutes les puiſſances, eſt la raiſon publique ; qu'on ne l'offenſe jamais impunément ; que tôt ou tard , elle ſe venge avec éclat de la ſottiſe ou de l'audace de ceux qui la méconnoiſſent ; il eſt donc abſurde de penſer que , contre le cri de cette raiſon publique , l'adminiſtration

ait voulu férieufement profcrire, comme offenfant
la faine morale, des écrits qui ne refpirent que la
morale la plus pure! ce feroit certainement à tort
qu'on lui imputeroit une bévue de cette efpece, trop
impertinente auffi pour être fon ouvrage; & l'explication que je donne ici eft d'autant plus naturelle,
qu'elle fe concilie avec l'opinion que nous devons
cependant avoir des lumieres de ceux qui nous gouvernent, & de leurs principes (1).

Je reviens à mon récit.

Je trouvai donc encore, en arrivant, quelques
débris de l'arrêt du confeil fur les murs de la capitale. Or, d'après les réflexions que vous venez de
lire, il me parut que je ne devois pas beaucoup m'en
tourmenter, qu'au fond, l'arrêt bien examiné, ne
m'offenfoit pas plus qu'il ne juftifioit M. Lenoir,
& qu'après tout, s'il avoit été rendu dans l'intention
de m'offenfer, l'opinion publique m'avoit vengé d'une
maniere affez éclatante, pour que je fuffe difpenfé
de perdre mon temps à en prouver l'injuftice.

Je crus donc pouvoir le regarder comme non-avenu.
Une autre circonftance me décida : c'eft que fi j'y
avois donné quelque valeur, il m'auroit fallu néceffairement introduire une difcuffion au confeil, pour
obtenir qu'il y fût réformé. Et qui m'affuroit que
cette difcuffion ne ferviroit pas de prétexte à mes
adverfaires, pour faire évoquer au confeil, contre
les difpofitions les plus expreffes de notre droit public,
toute l'affaire du fieur Kornmann, & en dépouiller
ainfi les tribunaux ordinaires, où il m'importe qu'elle
foit jugée, & qui feuls, comme vous venez de le
voir, ont le droit d'en connoître (2)?

____

(1) Je dois déclarer ici que je ne fuis pas l'auteur d'un ouvrage
inféré parmi mes écrits fupprimés, lequel a pour titre : *L'an 1787,
ou précis de l'adminiftration de la bibliotheque du roi, fous* M. *Lenoir.* Si j'avois écrit cette brochure vigoureufe, on peufe bien que
je l'euffe avouée fans détour, & que je n'aurois pas craint d'y mettre
mon nom.

(2) J'avois d'autant plus à craindre l'évocation, dans cette circonftance, que fur une plainte antérieurement rendue au châtelet
par le fieur Kornmann, contre M. Lenoir, M. le lieutenant-criminel & M. le procureur du roi, avoient renvoyé le fieur Korn-

Quoi qu'il en foit, n'appercevant là qu'un piége, foigneux d'éviter tous ceux qui pouvoient m'être rendus, & imitant un peu, dans cette circonftance, ce qu'on nous raconte de certains généraux avifés, qui ont eu l'air quelquefois de laiffer battre leur aîle gauche, parce qu'ils étoient certains qu'en continuant les manœuvres de la droite, ils arriveroient à la victoire, je prends le parti de négliger abfolument l'arrêt du confeil, & pour aller plus fûrement & plus vîte, je ne détermine de plan de défenfe que fur la double procédure du prince de Naffau & du fieur de Beaumarchais.

Or, par tout ce que vous avez lu jufqu'à préfent, il vous eft, je crois, bien démontré que le fieur de Beaumarchais, fidele au plan qu'il s'étoit tracé dès le principe, n'avoit pour objet, avec cette double procédure, que de me fatiguer de fon mieux, en multipliant les obftacles fous mes pas, & de parvenir, enfin, ainfi que je l'ai dit plus haut, à empêcher, à l'aide d'une conteftation particuliere, l'examen approfondi de l'affaire principale.

Mon plan, ici, devoit donc confifter à difpofer toutes chofes pour prouver, quand le moment en feroit venu, que cette conteftation particuliere, deftituée de toute efpece de fondement en elle-même, n'étoit, avec tout ce qui s'en étoit fuivi, qu'un incident monftrueux, imaginé, comme tout ce que le fieur de Beaumarchais avoit fait jufqu'alors, pour fe fouftraire à une condamnation qu'il redoutoit.

Mais, afin de parvenir à une preuve de ce genre, il m'importoit que la légalité, ou l'illégalité de la double procédure ne fût examinée que dans le cours des audiences, où feroient difcutés les appels que

___

mann à fe pourvoir par devers le roi. Tout annonçoit donc que le projet de nos adverfaires étoit de dépouiller les tribunaux ordinaires de la connoiffance de l'affaire du fieur Kornmann. (Voyez les *nouvelles obfervations* du fieur Kornmann, contre M. Lenoir).

le sieur Kornmann avoit interjetés de la plupart des
Ordonnances du premier Juge.

Et cela, parce que la discussion de ces appels,
exigeant un développement régulier de toute l'affaire
du sieur Kornmann, jetoit nécessairement un grand
jour sur les motifs qui avoient porté le sieur de
Beaumarchais à embarrasser le sieur Kornmann, &
sur-tout à m'embarrasser, moi, dans les liens de sa
double procédure.

Or, les motifs du sieur de Beaumarchais étant
une fois connus, vous voyez que la double procédure
étoit bien plus facilement appréciée ce qu'elle valoit,
& que mon ennemi, battu avec ses propres armes,
se trouvoit, sans beaucoup de fatigues de ma part,
ramené tout de nouveau à ce rôle d'accusé principal,
qu'il craignoit toujours si fort de remplir.

D'après cette idée, je me rends, le 24 octobre,
à l'audience, qui nous avoit été assignée, au sieur
Kornmann & à moi. Là, je demande, par l'organe
de notre commun défenseur, qu'il plaise à la cour
renvoyer, après la Saint-Martin, le jugement de notre
cause avec le sieur de Beaumarchais & le prince de
Nassau, *toutes choses*, *jusques-là demeurant toujours
dans le même état.*

Il paroît qu'on me croyoit encore bien loin, & je
remarquai, à l'air de surprise des défenseurs du sieur
de Beaumarchais & du prince de Nassau, quand ils me
virent paroître, qu'ils comptoient un peu se prévaloir
de mon absence, pour me représenter comme un
fugitif, & demander, en conséquence, la confirma-
tion pure & simple des décrets, dont Me. Brazon
& le sieur Kornmann avoient appelé en mon nom.

Quoi qu'il en soit, j'obtiens ce que je desire, &
nous sommes renvoyés après la Saint-Martin.

Ce premier point gagné, je jugeai, avec mes conseils, que je n'avois plus aucune démarche à faire,
jusqu'à ce qu'il eût été assigné une audience pour la -

grande caufe du fieur Kornmann , & alors mon deffein , d'après le plan que je m'étois tracé , étoit de
demander , qu'attendu qu'il y avoit connexité incon-
teftable entre cette grande caufe & notre caufe particuliere avec le prince de Naffau & le fieur de
Beaumarchais , elles fuffent jointes , & qu'il fût ftatué ,
par un feul & même arrêt , fur tous les appels auxquels l'une & l'autre avoient donné lieu.

Le fieur de Beaumarchais foupçonnant très-bien ,
à mon inaction , ce que je méditois , n'oublie rien ,
en une circonftance fi périlleufe , pour m'empêcher
encore de réuffir.

Et il fait ce raifonnement : « la grande caufe du
» fieur Kornmann étant d'une haute importance , ne
» peut être difcutée que dans des audiences folem-
» nelles que l'ufage a fixé pour la Tournelle , où
» nous plaidons , au famedi de chaque femaine.

» Je n'ai qu'à faire demander par le prince de
» Naffau , ou fes Agens , que fa caufe particuliere ,
» que je préfenterai comme n'offrant qu'une queftion
» fimple & facile à décider , *favoir s'il a été , ou*
» *s'il n'a pas été calomnié*, foit placée , pour être
» jugée fur le champ , à un autre jour de la femaine
» que le famedi ; le mercredi , par exemple , &
» long-temps avant qu'il puiffe être queftion de la
» grande caufe du fieur Kornmann.

» Par-là j'empêcherai que ces deux caufes ne foient
» jointes.

» De plus , aux audiences du mercredi , M. l'avo-
» cat-général parle ordinairement feul , fur les pieces
» qui lui font communiquées , & les affaires y étant
» portées à peu-près tout inftruites , il eft rare que
» les parties y foient admifes à plaider par l'organe
» de leurs avocats.

» Mais , les caufes n'étant pas jointes , il n'y aura
» d'autres pieces à communiquer ici à M. l'avocat-
» général que les informations auxquelles le prince
» de

» de Naſſau & moi , nous avons fait procéder
» contre ceux que nous appelons nos calomniateurs,
» & ces informations ne feront certainement pas à
» leur décharge.

» Et qui ſait ſi , d'après de telles pieces , mes ad-
» verſaires ne feront pas condamnés.

» Et ſi , par haſard , ils étoient condamnés , ce
» premier ſuccès de ma part, ne les découragera-t-il
» pas aſſez pour les porter à ne plus s'occuper de la
» pourſuite de la grande affaire ?

» Du moins , ne dois-je pas eſpérer que le défen-
» ſeur du ſieur Kornmann , étonné de ſe voir l'objet
» d'une condamnation , renoncera , pour toujours , à
» la tâche qu'il s'eſt impoſée ?

» Et alors , n'obtiens-je pas ce que j'ai le plus ar-
» demment ſouhaité , n'ayant plus perpétuellement
» devant moi , ou à mes côtés , cet infatigable An-
» tagoniſte à combattre ? »

Il y avoit , dans ce raiſonnement , bien des *peut-
être* , & , par conſéquent , bien des mécomptes ;
mais , enfin , dans une poſition auſſi fâcheuſe que celle
du ſieur de Beaumarchais , c'étoit à tout prendre , le
meilleur raiſonnement qu'il pût faire.

Le voilà donc qui , pour empêcher la jonction des
deux cauſes , & ſe procurer , à ce qu'il croit, l'avantage de me faire condamner ſans m'entendre , fait
ſolliciter , pour le prince de Naſſau , une audience du
mercredi.

Et il obtient une audience du *mercredi.* (1)

Je l'attendois là.

A peine l'audience du *mercredi* eſt-elle obtenue ,
que , tant en mon nom , qu'au nom du ſieur Kornmann , je préſente une requête à la cour , où j'expo-

____

(1) Nous ne nous oppoſions pas à cette audience , & il n'étoit
pas poſſible qu'elle fût refuſée.

H

fe, en peu de mots, que la queftion de favoir fi nous avons calomnié le prince de Naffau, eft indifpenfablement fubordonnée à la queftion de favoir fi les faits dont il fe plaint font vrais ou faux ; que, pour décider fi ces faits font vrais ou faux, il faut néceffairement examiner toute l'affaire du fieur Kornmann ; que ce n'eft donc que lorfque cette affaire fera folemnellement plaidée, qu'on pourra prononcer fur l'action en calomnie qui nous eft intentée par le prince de Naffau ; &, en conféquence, je demande que les informations auxquelles le fieur Kornmann a fait procéder ne foient pas féparées de celles du prince de Naffau, & même de celles du fieur de Beaumarchais ; que ce ne foit qu'après avoir comparé les réfultats des unes & des autres, qu'on décide fi nous avons, ou fi nous n'avons pas calomnié le prince de Naffau, & même le fieur de Beaumarchais, & que la cour veuille bien attendre l'époque de la plaidoierie de la caufe du fieur Kornman, pour prononcer, par un feul & même arrêt, fur la légitimité des demandes ou des accufations de toutes les parties.

Cette requête rallentit un peu l'activité du fieur de Beaumarchais.

Ce n'eft pas tout, & pour la déconcerter entiérement, je fais imprimer un mémoire de quelques pages, fous le titre de *Réflexions préliminaires*, où, me fervant de la méthode des géometres, je parviens à rigoureufement démontrer, non feulement qu'on ne doit pas nous juger en féparant les inftances, mais que ces inftances font tellement dépendantes les unes des autres, que nous fommes tout-à-fait *impoffibles* à juger, fi, avant tout, on n'en ordonne la réunion.

La requête & le mémoire produifent l'effet qu'il étoit naturel d'en efpérer. Le projet abfurde de me faire juger fans m'entendre, dans une audience du mercredi , ne réuſſit pas , & les cauſes ſont jointes. (1)

Voilà donc encore , pour cette fois , les combinaiſons du ſieur de Beaumarchais tournant contre lui-même ; le voilà , ſe retrouvant toujours , & comme par une eſpece d'enchantement , qu'il ne peut rompre, dans le cercle que j'ai tracé autour de lui , malgré tant d'efforts commencés en tous ſens , pour le franchir.

Or , maintenant , que me reſte t-il à faire ? A continuer tout ſimplement l'exécution de mon plan , c'eſt-à-dire , à prouver , actuellement que le moment des audiences pour la plaidoirie ſolemnelle de l'affaire du ſieur Kornmann eſt arrivé , que le double procès que nous a intenté le ſieur de Beaumarchais , tant en ſon nom qu'au nom du prince de Naſſau , n'eſt , ainſi que je viens de le dire , qu'un incident monſtrueux , qu'il importe de proſcrire comme uniquement inventé pour m'empêcher de ſervir davantage , de mes conſeils ou de ma plume , le ſieur Kornmann , & ſe diſpenſer , lui , ſieur de Beaumarchais , de la néceſſité de répondre à l'accuſation grave dont il eſt l'objet.

Eh ! que gagnerai-je à cette démonſtration ? J'y gagnerai , moi , qui ne perds jamais de vue le terme où je veux arriver , qu'on en concluera infailliblement que la cauſe du ſieur Kornmann eſt donc bien excellente , puiſque c'eſt avec de ſi triſtes moyens qu'on eſt obligé de le combattre ; que la cauſe du ſieur de Beaumarchais eſt donc bien mauvaiſe , puiſque c'eſt avec de ſi triſtes moyens qu'il eſt obligé de ſe défendre.

---

(1) Je dis ici , qu'en conféquence de mes réflexions préliminaires & de ma requête , les inſtances furent jointes , quoiqu'elles ne le ſoient pas encore , attendu la diſſolution du parlement , parce que je ne doutois pas , d'après l'évidence de mes raiſons , qu'elles ne duſſent l'être , & que le préſent mémoire ne devoit être publié qu'après que la jonction en auroit été prononcée. Il y a donc ici une erreur réſultante de circonſtances inattendues , & que j'étois bien loin de prévoir.

Il faut qu'on me pardonne la logique simple & dénuée d'ornemens avec laquelle je vais raisonner. Je veux, une fois pour toutes, lutter corps-à-corps avec mon adverfaire. Or, dans ces luttes redoutables, ce n'eft pas la grace, mais la force, mais la juftefle des mouvemens, qui donnent la victoire.

MOYENS.

Il me femble que je ferai parvenu à faire reléguer dans la claffe des incidens abfurdes, les deux procès én calomnie dont il s'agit ici, fi, en examinant les deux plaintes qui fervent de bafe à ces deux procès, & les circonftances qui ont donné lieu à ces plaintes, & les actes judiciaires qui en ont été la fuite, j'établis :

1°. Que la plainte du fieur de Beaumarchais, bafe d'un de ces procès, & fur laquelle font intervenus les deux décrets *d'affigné pour être ouï*, contre le fieur Kornmann & contre moi, eft, ainfi que je l'ai déjà fait connoître, abfolument récriminatoire, &, qu'en conféquence, les deux décrets *d'affigné pour être ouï*, font infectés d'un vice radical, qui doit en faire prononcer la nullité ;

2°. Que la plainte du prince de Naffau, bafe de l'autre procès, & fur laquelle font intervenus les deux décrets *d'ajournement perfonnel*, contre le fieur Kornmann & contre moi, eft également auffi récriminatoire ; &, qu'en conféquence, les deux décrets *d'ajournement perfonnel* n'ont pas plus de valeur que les deux décrets *d'affigné pour être ouï* ;

3°. Que loin que le prince de Naffau en particulier, fût bien fondé à nous pourfuivre le fieur Kornmann & moi, il n'avoit, au contraire, de plainte à former que contre les adverfaires du fieur Kornmann, & parmi eux ; *fpécialement contre M. le Noir, & contre le fieur de Beaumarchais, lui-même, qui l'a fi imprudemment mis en œuvre ;*

(61)

4°. Que non seulement le prince de Nassau n'avoit de plainte à former que contre M. Lenoir & le sieur de Beaumarchais, mais *qu'il y alloit, qu'encore aujourd'hui, il y va de son honneur* de rendre plainte contre l'un & l'autre ;

5°. Enfin, & ceci est sur-tout remarquable, que quand les mémoires que j'ai rédigés pour le sieur Kornmann, ne seroient remplis que de *faits faux*, en aucune circonstance de cette affaire cependant, ni le sieur de Beaumarchais, ni le prince de Nassau, ni tel autre des adversaires du sieur Kornmann, ne peut avoir d'action légitime à intenter contre moi.

Je reviens sur chacune de ces propositions.

§ I.

Je soutiens donc, en premier lieu, que la plainte du sieur de Beaumarchais, sur laquelle sont intervenus les deux *décrets d'assignés pour être ouï*, contre le sieur Kornmann & contre moi, est absolument récriminatoire, ainsi que je l'ai annoncé dès le principe de cette affaire, & qu'en conséquence les deux *décrets d'assigné pour être ouï*, sont infectés d'un vice radical, qui doit en faire prononcer la nullité.

J'appelle plainte récriminatoire, toute plainte rendue par un accusé contre son accusateur dans les circonstances du délit dont il est accusé. Je m'explique.

J'accuse une personne de s'être rendue coupable de vol. A quelques jours de là, je rencontre cette personne, & je l'excede de mauvais traitemens ; elle rend plainte des mauvais traitemens que je lui ai fait essuyer. Sa plainte, dans ce cas, n'est pas récriminatoire. Et pourquoi ? Parce que le fait dont elle se plaint est absolument à part du fait que je lui impute ; parce que l'un peut être vrai, sans que l'autre soit faux ; parce qu'il ne s'ensuivra pas de ce que cette personne a volé, que je ne l'ai pas maltraitée ; ou réciproquement , de ce que je l'ai maltraitée , qu'elle n'a pas volé.

Mais ,

J'accuse une personne de s'être rendue coupable de vol. Au lieu de défendre à mon accusation , cette personne rend plainte en calomnie contre moi , *attendu qu'accuser quelqu'un de vol , c'est lui faire un outrage.* Sa plainte , dans ce cas , est récriminatoire. Et pourquoi ? parce qu'elle est absolument dans les mêmes circonstances que la mienne , parce que toutes les deux ne peuvent être vraies en même temps ; parce que si la mienne est fondée , la sienne ne l'est pas ; parce que s'il a véritablement volé , je ne l'ai pas outragé , je ne l'ai pas calomnié.

Or , toute plainte récriminatoire est inadmissible.

Et cela , parce que toute plainte récriminatoire n'aboutit à rien.

Admettez, par exemple , dans l'hypothese dont je viens de parler, la plainte en calomnie de la personne que j'accuse de s'être rendue coupable de vol : qu'arrivera-t-il ? que cette personne fera entendre des témoins pour prouver que je l'accuse d'avoir volé. Or, j'en conviens , puisque je l'accuse. Que prononcerez-vous donc sur de telles dépositions ? Rien du tout : mais absolument rien , car je vous défie de prononcer quelque chose , avant que d'avoir examiné , en suivant ma plainte , à moi , si l'accusation que je lui ai intentée , est, ou n'est pas sans fondement.

Observez de plus ici, que non-seulement vous ne pouvez admettre une plainte récriminatoire , parce qu'elle n'aboutit à rien ; mais , que s'il vous arrivoit d'accueillir des plaintes de ce genre , il vous seroit encore impossible de punir jamais aucun crime. Tous les accusés , par exemple , poursuivis pour vols , pour assassinats , ne manqueroient pas de rendre des plaintes en calomnie , où ils prouveroient très-bien que les vols, les assassinats sont des actions odieuses, & , (si imputer des actions odieuses est une calomnie,) où ils demanderoient en conséquence, avant tout, qu'on déclarât coupables de calomnies les personnes qui les accusent. Or, une fois ces personnes déclarées coupables de calomnie, comment continuerez-vous à les poursuivre, eux, pour les vols & les assassinats dont ils sont accusés.

Toute plainte récriminatoire est donc par-elle même, & par ses conséquences, absolument inadmissible.

Vous êtes accusé, justifiez vous ; mais, ne récriminez pas : & puis, quand vous vous serez justifié, poursuivez vos accusateurs, & s'il est prouvé qu'ils vous ont accusé sans fondement demandez des dédommagemens, des réparations proportionnés au tort qu'ils vous auront fait, & s'il est prouvé qu'ils vous ont accusé avec intention de vous calomnier, implorez le secours de la justice, pour qu'ils soient punis comme ils auront mérité de l'être.

Telle est la marche de la raison & de la loi.

Cela posé,

La plainte du sieur de Beaumarchais est évidemment récriminatoire.

Car, comme on l'a vu en commençant, elle est postérieure, d'environ trois semaines, à celle qu'a rendu le sieur Kornmann contre lui (1), & de plus, elle est rendue sur le même fait que celle du sieur Kornmann ; de plus, elle ne peut être vraie en même temps que celle du sieur Kornmann.

____

(1) Il n'est pas même toujours nécessaire qu'une plainte soit postérieure à une autre, pour être déclarée récriminatoire. Un homme est averti que je dois l'accuser de s'être rendu coupable d'un vol ou d'un assassinat, & il me prévient en rendant plainte en calomnie contre moi. Sa plainte, dans ce cas, est encore réputée récriminatoire, &, sans qu'il soit besoin que je prouve que c'est dans l'intention de me prévenir qu'il m'attaque, la plainte que je rends ensuite contre lui est préférée. Le motif de cette loi est que l'intérêt de la société exige qu'entre plusieurs délits dénoncés, qui ne peuvent être poursuivis en même temps, celui-là soit préféré qui est le plus grave ; & dont la punition importe le plus à l'ordre public en particulier.

Le sieur Kornmann accuse le sieur de Beaumarchais *de diffamation & de complicité d'adultere.* Le sieur de Beaumarchais , au lieu de défendre à cette accusation , rend plainte en calomnie contre le sieur Kornmann , attendu qu'il l'a accusé , dit-il , *de diffamation & de complicité d'adultere.* Certainement , la plainte du sieur de Beaumarchais est ici sur le même fait que celle du sieur Kornmann ; certainement , si celle du sieur Kornmann , est fondée , la sienne ne l'est pas ; certainement alors , la plainte du sieur de Beaumarchais est récriminatoire.

Or , vous voyez que je vous prouve qu'on ne peut admettre une plainte récriminatoire ; vous voyez que je vous prouve que le sieur de Beaumarchais auroit dû commencer par se justifier , & que ce n'étoit qu'après ces préliminaires remplis , que sa plainte devenoit raisonnable.

Mais , vous ne me contesterez pas , sûrement , que que toute plainte qui n'est pas raisonnable , toute plainte qu'on ne peut admettre , est également nulle ; mais vous ne me contesterez pas qu'une plainte légalement nulle ne peut donner lieu à aucun décret , & cela , parce que ce qui est légalement nul , ne peut avoir une effet légal ; & cela , parce que vous n'ordonnez les décrets qu'en conséquence des informations que les plaintes ont produites , & que si la loi vous oblige de rejeter une plainte , elle ne vous permet pas sans doute d'ordonner des décrets sur cette même plainte , que vous êtes tenu de rejeter.

Donc , dès que vous n'avez pu accueillir la plainte du sieur de Beaumarchais , vous n'avez pas dû ordonner des *décrets d'assigné pour être ouï* sur la plainte.

Donc , les *décrets d'assigné pour être ouï* , dont nous avons appelé , le sieur Kornmann & moi , sont nuls , d'une nullité radicale , & doivent être proscrits , comme la plainte dont ils dérivent.

Voilà , je crois , ma premiere proposition démontrée.

§ II.

§ II.

Je foutiens , en fecond lieu , que la plainte du prince de Naſſau , fur laquelle font intervenus les deux décrets *d'ajournement perſonnel* , contre le ſieur Kornmann & contre moi , eſt auſſi récriminatoire que celle du ſieur de Beaumarchais , & qu'en conſé-quence, ces deux décrets *d'ajournement perſonnel* font infectés du même vice radical , que les deux décrets *d'aſſigné pour être ouï* , dont je viens de parler.

Je n'ai beſoin que d'un petit nombre de raiſon-nemens pour démontrer ce que j'avance.

Le ſieur Kornmann , en rendant plainte contre le ſieur Daudet , corrupteur de ſon épouſe , a auſſi également rendu plainte contre les *fauteurs , com-plices & adhérens* du ſieur Daudet ; c'eſt-à-dire , contre tous ceux que le développement de ſon affaire démontreroit complices , fauteurs ou adhérens du ſieur Daudet.

Donc , ſi je prouve que le développement de l'affaire du ſieur Kornmann , démontre le prince de Naſſau , *fauteur , complice ou adhérent* du ſieur Daudet , j'aurai prouvé que le ſieur Kornmann l'a néceſſairement compris dans ſa plainte générale.

Or , voyons ſi je le prouve.

D'abord , je pourrois dire que je ſuis certain qu'il réſultera des informations auxquelles le ſieur Kornmann a fait procéder , que le prince de Naſſau , & la prin-ceſſe de Naſſau dont on prétend auſſi venger l'hon-neur dans cette affaire , font entrés pour beaucoup dans toutes les démarches qui ont été faites pour enlever la dame Kornmann à ſon mari.

Mais , j'ai des moyens plus puiſſans que ces infor-mations , pour établir ſur le champ ce fait déciſif. Et ces moyens , je les trouve dans les mémoires mêmes qu'ont publiés M. le Noir , & le ſieur de Beaumarchais.

I

Je lis dans le mémoire de M. le Noir : « qu'il
» n'a pas ignoré que Madame la princesse de Nassau
» sollicitoit la liberté de la dame Kornmann. »

Je lis dans le mémoire du sieur de Beaumarchais
que : « le prince & la princesse de Nassau l'ont prié
» de joindre ses efforts aux leurs pour obtenir la
» liberté de la dame Kornmann. »

Je lis dans le mémoire du sieur de Beaumarchais
que : « cédant aux prieres du prince & de la prin-
» cesse de Nassau, il s'est rendu, avec la princesse
» de Nassau, chez M. le Noir, & que là, pour
» appuyer les réclamations de la princesse, *il a fait*
» *un plaidoyer brûlant, en faveur de la dame*
» *Kornmann.* »

Je lis dans le mémoire du sieur de Beaumarchais
que le prince de Nassau a écrit à M. le Noir, tou-jours
en faveur de la dame Kornmann ; qu'il a fait plusieurs
courses à Versailles, toujours en faveur de la dame
Kornmann, & je trouve, enfin, dans ce mémoire,
une lettre dont voici le contenu, signée par le prince
de Nassau, & adressée par lui, à M. Amelot, alors
ministre.

» J'ai été, Monsieur, *plusieurs fois* à Versailles,
» & nommément aujourd'hui pour avoir l'honneur
» de vous remettre un mémoire, en faveur d'une
» femme persécutée. Son sort a intéressé toutes les
» personnes qui sont véritablement instruites de son
» affaire. Permettez, Monsieur, que je vous prie
» de vous en faire rendre un compte vrai », (*c'est-*
à-dire, un compte par le sieur de Beaumarchais,)
« & je ne doute pas que vous ne la mettiez au
» moins dans le cas de suivre le cours de la justice,
» qu'elle a invoquée, M. le Noir ayant assuré qu'il
» n'étoit pour rien dans cette affaire, & qu'elle dé-
» pendoit de vous absolument.

» J'ai l'honneur d'être, &c. (signé.) Le *Prince*
» de Nassau-Siéghen. » « *Le 18 Décem.* 1781. »

« Enfin , je lis dans le mémoire du sieur de Beaumarchais, que c'est quelques jours après la lettre du
prince de Nassau , & le 27 décembre 1781 , & par
*le concours des sollicitations de ce prince & des sien-
nes* , qu'a été obtenu l'ordre qui a permis que la
dame Kornmann fût transférée , sans l'aveu de son
époux , sans le consentement de ses proches , comme
un effet abandonné & public , de la maison des
dames Douay , dans celle du médecin Page , & l'on
sait aujourd'hui que le médecin Page étoit l'homme
de confiance du sieur de Beaumarchais , & l'on sait
aujourd'hui que le sieur Daudet , intimément lié avec
le prince & la princesse de Nassau , le sieur Daudet ,
agent très-connu de toutes leurs affaires , le sieur
Daudet , corrupteur très-connu de la dame Kornmann , avoit la faculté de se rendre tous les jours chez
le médecin Page , & qu'il s'y rendoit , en effet ,
à-peu-près tous les jours.

Voilà ce que je trouve dans les mémoires de M. le
Noir & du sieur de Beaumarchais.

Or , vous voudrez bien remarquer que jamais le
prince de Nassau n'a désavoué les faits contenus dans
ces mémoires.

Vous voudrez bien remarquer que jamais le prince
de Nassau ne s'est inscrit en faux , contre la lettre
que vous venez de lire.

Vous voudrez bien remarquer que jamais le prince
de Nassau n'a dissimulé ses liaisons très-intimes , très-
habituelles , & encore aujourd'hui subsistantes , avec
le sieur Daudet.

Je puis donc regarder M. le Noir & le sieur de
Beaumarchais , comme des témoins que le prince de
Nassau ne récuse pas.

Je puis donc regarder la lettre du prince de
Nassau , comme une lettre qu'il ne désavoue pas.

Je puis donc affirmer , avec tout le public , qu'il
existoit & qu'il existe encore des liaisons très-habi-

tuelles & très-intimes entre le fieur Daudet & le prince de Naſſau, & de ce dernier fait, on me permettra, ſans doute, de conclure que le prince de Naſſau ſavoit très-bien qu'en agiſſant pour la dame Kornmann, il agiſſoit pour le fieur Daudet, qu'il recevoit tous les jours à ſa table & dans ſa maiſon.

Maintenant,

Ou il faut renoncer à l'évidence, ou il faut reconnoître, d'après ce que diſent ſeulement M. le Noir & le fieur de Beaumarchais, que le prince & la princeſſe de Naſſau ont ſinguliérement co-opéré à fouſtraire la Dame Kornmann à l'inſpection de ſon époux :

Ou il faut renoncer à l'évidence, ou il faut reconnoître, toujours d'après M. le Noir & le fieur de Beaumarchais, que le prince & la princeſſe de Naſſau, ayant agi ſans le concours des proches de la dame Kornmann & uniquement de concert avec le fieur de Beaumarchais, ne ſe ſont certainement pas propoſé de rendre la dame Kornmann à elle-même, à ſa famille & à ſes enfans.

Ou il faut renoncer à l'évidence, ou il faut reconnoître, toujours d'après M. le Noir & le fieur de Beaumarchais, que le prince & la princeſſe de Naſſau, en faiſant des démarches pour la dame Kornmann, n'ont eu évidemment d'autre deſſein que de ſervir le fieur Daudet, & qu'ils ont ainſi très efficacement concouru à la replacer ſous l'empire de ſon féducteur.

Or, c'eſt un grand crime que de fouſtraire une femme à l'inſpection de ſon époux ; c'eſt un crime que d'enlever une femme à ſa famille & à ſes enfans ; c'eſt un grand crime que de la replacer ſous l'empire de ſon féducteur.

Et de ce que le prince de Naſſau s'eſt rendu coupable de ce crime, que faut-il conclure ? Ceci cer-

 mainement qu'il eſt évidemment *complice*, *fauteur*
ou adhérent du ſieur Daudet : car on eſt *complice*,
fauteur ou adhérent d'un accuſé quelconque , lorſqu'on a favoriſé le délit qui lui eſt imputé. Or ,
d'après ce qu'on vient de lire , qui ne reconnoîtra
pas avec moi que perſonne , (M. le Noir & le ſieur
de Beaumarchais exceptés ,) n'a favoriſé , d'une
maniere plus expreſſe , les délits imputés par le ſieur
Kornmann au ſieur Daudet , que le prince de
Naſſau ?

Mais , à préſent ſi le prince de Naſſau eſt *com-*
plice, *fauteur ou adhérent* du ſieur Daudet , il devient
impoſſible de me nier que ſa plainte ne ſoit récriminatoire.

Car d'abord , le ſieur Kornmann a rendu ſa plainte
générale dans le mois d'avril 1785 , & le prince
de Naſſau n'a rendu la ſienne que vers le mois de
Juillet 1787 , ce qui rend celle-ci poſtérieure à celle-
là , de plus de deux années.

Enſuite , la plainte du prince de Naſſau eſt ſur le
même fait que celle du ſieur Kornmann , & , à cauſe
de cela , l'une & l'autre ne peuvent être vraies en
même-temps.

Elle eſt ſur le même fait que celle du ſieur Kornmann , puiſque par ſa plainte , le ſieur Kornmann
attaque l'auteur des déſordres de la dame Kornmann
& ſes complices , & que , par la ſienne , le prince
de Naſſau attaque le ſieur Kornmann & moi , ſur ce
que nous avons laiſſé entrevoir qu'on pouvoit le
compter parmi les complices de celui que nous pourſuivons , comme l'auteur des déſordres de la dame
Kornmann.

Elle ne peut être vraie en même-temps que celle
du ſieur Kornmann ; & cela , parce que ſi le ſieur
Kornmann & moi , nous avons eu raiſon de compter
le prince de Naſſau parmi les complices du ſieur
Daudet , il aura tort , lui, de nous accuſer de ca-

lomnie, quand nous n'avons avancé qu'un fait incon-
teftable.

Or, d'après les principes que j'ai expofé, toute
plainte qui eft poftérieure à une autre, toute plainte
qui eft fur le même fait qu'une autre, toute plainte
qui, en conféquence, ne peut être vraie en même
temps que cette autre, eft évidemment récriminatoire, & de plus, toute plainte récriminatoire eft
inadmiffible.

Donc, la plainte du prince de Naffau eft également récriminatoire & inadmiffible.

Donc, je puis dire au prince de Naffau, ce que
j'ai dit au fieur de Beaumarchais : commencez par
vous juftifier, & puis vous rendrez plainte contre
vos accufateurs, fi vous le trouvez convenable.

Mais, vous le favez encore, toute plainte récriminatoire, toute plainte inadmiffible ne peut légalement produire un décret, & cela parce que ce qui
eft effentiellement illégal, n'aura jamais de conféquence
légale.

Donc, les décrets d'*ajournement perfonnel*, rendus fur la plainte du prince de Naffau, font auffi nuls
que les décrets d'*affigné pour être oui*, rendus fur
la plainte du fieur de Beaumarchais.

Donc, en derniere analyfe, il faut profcrire ceux-
ci, comme j'ai prouvé qu'il faut rejeter ceux-là.

Voilà, je crois, ma feconde propofition démontrée.

§ III.

Je foutiens, en troifieme lieu, que fi le prince de
Naffau avoit une plainte à former, ce n'étoit ni contre
le fieur Kornmann, ni contre moi, qu'il devoit la diriger ; mais, contre M. Lenoir, & contre le fieur de
Beaumarchais.

Il me femble qu'on entrevoit déjà une partie des
chofes que je puis dire, pour prouver cette troifieme
propofition.

Je publie un premier mémoire pour le sieur Korn-mann, je n'y dis pas un mot contre le prince de Nassau, & cependant, à cette époque, nous en sa-vions assez, le sieur Kornmann & moi, pour en parler d'une maniere très-fâcheuse.

M. Lenoir & le sieur de Beaumarchais répondent à ce mémoire.

Le premier, dans sa réponse, cherchant à s'excuser de ce qu'il a fait au préjudice du sieur Kornmann, nomme la princesse de Nassau, comme ayant vivement sollicité auprès de lui, la liberté de la dame Kornmann, & n'oubliez pas ce trait, comme ayant même envoyé des mémoires aux ministres, dans lesquels le sieur Kornmann ne devoit surement pas être traité d'une maniere bien favorable.

Le second, dans sa réponse, cite, comme vous venez de le voir, à toutes les pages, le prince de Nassau; raconte que c'est chez le prince de Nassau qu'il a été engagé à s'occuper des intérêts de la dame Kornmann; parle, dans le plus grand détail, des dé-marches qu'ils ont faites ensemble, pour arracher la dame Kornmann de l'asyle où elle étoit détenue, & lui procurer les moyens de se réunir à son séducteur; en un mot, le second montre par-tout le prince de Nassau, comme un des hommes dont le sieur Kornmann a le plus à se plaindre, comme un des principaux auteurs de son déshonneur & de sa ruine.

Je réplique au premier, que les sollicitations de la princesse de Nassau, ne l'excusent en aucune maniere, attendu qu'il savoit très-bien qu'il existoit des *relations intimes*, entre elle & le sieur Daudet, séducteur de la dame Kornemann, & que lui-même, parlant au sieur Kornmann, ne s'éroit pas expliqué d'une ma-niere très-avantageuse sur ses relations.

Je réplique au second, que les instances que lui a fait le prince de Nassau, ne prouvent rien en sa faveur, & que *la mission qui lui avoit été donnée chez ce prince, par quelques hommes corrompus & quelques femmes sans pudeur*, ne suffisoit pas pour le justifier du rôle odieux qui lui étoit reproché.

Or, il faut voir d'abord si, en m'exprimant ainsi, je n'ai pas été au-delà de ce que je devois dire, car si j'ai été au-delà de ce que je devois dire, j'ai eu tort.

Et pour me juger en ce point, il convient de rapprocher ce que j'ai dit des faits que je viens de vous faire remarquer, dans les mémoires de M. Lenoir, & du sieur de Beaumarchais.

Mais, d'après ces faits, qui osera me nier que je ne fusse bien fondé à m'élever avec force contre la princesse de Nassau? que je n'eusse le droit de lui demander, par exemple, à quel titre elle s'étoit mêlée d'une affaire qui devoit absolument lui être étrangere? Pourquoi elle avoit osé envoyer des mémoires aux ministres, où nécessairement elle avoit dû inculper d'une maniere très-grave le sieur Kornmann, puisqu'elle ne pouvoit justifier la conduite de la femme, sans imputer au mari les procédés les plus odieux? Qui osera me nier que les circonstances ne m'autorisassent encore à dévoiler, sans ménagement les motifs qui avoient fait agir la Princesse de Nassau? à prouver que ces motifs n'étoient autres que de servir le sieur Daudet, homme aussi connu par ses mœurs infâmes, que par ses escroqueries & ses intrigues; le sieur Daudet, avec lequel toute relation étoit déshonorante, & qui, de l'aveu de tout le monde, étoit cependant l'agent le plus intime, le plus secret de ses affaires, comme de celles du prince de Nassau, le sieur Daudet enfin, dont le projet, en se rapprochant de la dame Kornmann, ne pouvoit être que de vivre avec elle d'une maniere aussi scandaleuse au moins qu'il l'avoit fait jusqu'alors.

D'après ces faits encore, qui osera nier que je n'eusse le droit de poursuivre dans les tribunaux, d'une maniere très-spéciale, le prince de Nassau, & de le forcer à m'y rendre un compte public de ses démarches? qui me contestera que je ne pusse l'engager dans tous les risques d'une procédure criminelle

minelle, ainsi que les autres adversaires du sieur Kornmann, pour avoir favorisé de tout son pouvoir, le
projet scandaleux d'enlever une femme à son mari,
une mere à ses enfans ? Qui doute que, m'armant
contre lui de toute la sévérité des lois, & l'accablant
des conséquences affreuses que sa fatale intervention
avoit eu dans cette affaire, il ne me devînt facile
de le faire compter au nombre des principaux coupables dont j'avois révélé les trames criminelles, &
publié les vexations ou les attentats ?

Au lieu de tout cela, qu'est-ce que je fais ? Vous
le voyez, je n'attaque directement ni le prince ni la
princesse de Nassau, mais, fatigué de les entendre
nommer sans cesse par les adversaires du sieur Kornmann, je me contente simplement, comme je viens
de vous le dire, d'observer, en répondant au sieur
de Beaumarchais, que la mission qui lui étoit donnée
chez le prince de Nassau *par quelques hommes corrompus & quelques femmes sans pudeur*, ne suffisoit
pas pour le justifier. Je me contente simplement de
faire remarquer, en répondant à M. Lenoir, qu'attendu qu'il connoissoit très-bien les relations intimes
de la princesse de Nassau avec le sieur Daudet, &
qu'il s'étoit lui-même expliqué sur ces relations d'une
maniere peu favorable, il n'avoit pu céder aux sollicitations de la princesse, sans manquer à ce qu'exigeoit de lui la sévérité de son ministere.

Voilà ce que j'ai fait, voilà ce que j'ai dit. Sans
doute, vous conviendrez que, sans sortir des bornes
de la prudence, il me devenoit facile de dire plus,
& de faire davantage.

Cependant, j'ai ici deux objections à détruire.

D'abord, pourquoi, dit le prince de Nassau, en
parlant de la mission acceptée chez moi, par le sieur
de Beaumarchais, prétendez-vous qu'elle n'a pu lui
être proposée que par *des hommes corrompus & des
femmes sans pudeur* ? Ne voyez-vous pas, qu'en vous
exprimant ainsi, vous donnez à penser que je rece-
vois chez moi *des hommes corrompus & des femmes
sans pudeur* ?

Certes, voilà une étrange délicatesse, & je ne

m'attendois pas que le prince de Naſſau entreprît de
nous perſuader qu'il falloit faire preuve de vertu pour
être admis dans ſa maiſon ! Eh ! bien ! qu'il nomme
les perſonnes qui ſe ſont trouvées chez lui , le jour
où le ſieur de Beaumarchais aſſure qu'on lui a donné
l'honnête miſſion d'enlever la dame Kornmann à ſon
mari ? Je lui ſoutiens , moi , que ce *ne pouvoit être
en effet que des hommes corrompus & des femmes ſans
pudeur* ; & je lui ſoutiens , parce que le complot dont
il s'agit , offenſoit également la pudeur & la probité ;
& je le lui ſoutiens , parce qu'en conſéquence il étoit
impoſſible qu'un tel complot fût accueilli par des
hommes délicats , par des épouſes fidelles , par des
meres attachées à leurs devoirs. Il me ſemble qu'on
ne m'obligera pas de prouver une vérité ſi triviale.

Enſuite , pourquoi , ajoute le prince de Naſſau ,
dites-vous qu'il y avoit des *relations intimes* entre la
princeſſe de Naſſau & le ſieur Daudet ? Pourquoi
dites-vous que M. Lenoir s'eſt exprimé ſur ces relations d'une maniere défavorable ? Ne ſentez-vous pas ,
qu'en parlant ainſi , vous faites naître des ſoupçons
ſur *les mœurs* de la princeſſe de Naſſau , & , ſous ce
point de vue , n'avez-vous pas quelques reproches
à vous faire (1) ?

Non : je n'ai point de reproches à me faire.

J'ai dit qu'il y avoit des relations intimes , entre
la princeſſe de Naſſau & le ſieur Daudet , parce qu'en
effet , vous ne me nierez pas , parce que tout le public
ſait qu'il y avoit des relations intimes entre la princeſſe de Naſſau & le ſieur Daudet , & de plus , parce
que je ne pouvois m'empêcher de faire remarquer
que ces relations exiſtoient , afin de démontrer , ſans
replique , la prévarication que j'imputois à M. Lenoir.

J'ai dit que M. Lenoir s'étoit expliqué d'une maniere
défavorable ſur ces relations , parce qu'en effet , il
s'eſt expliqué d'une maniere défavorable ſur ces relations ; & de plus , je n'ai pas beſoin de vous prouver
qu'il étoit impoſſible qu'il en parlât en des termes

____

(1) Je ſais qu'on ſe propoſe de me faire ſérieuſement cette
queſtion à l'audience.

avantageux ; car M. Lenoir favoit très-bien quel perfonnage étoit le fieur Daudet ; il l'avoit peint plufieurs fois au fieur Kornmann , comme un efcroc,
comme un intriguant , comme un homme fans principes & fans foi ; & le fieur Daudet étant l'ami,
l'affidé , l'agent public & fecret du prince & de la
princeffe de Naffau , vivant à-peu-près habituellement
dans leur maifon , vous voyez bien que M. Lenoir,
en parlant des relations qui exiftoient entre lui &
la princeffe de Naffau , n'a pas pu dire , par exemple,
que ces relations avoient la vertu pour caufe , &
le bien public pour objet.

Je n'ai donc parlé ici que d'une maniere conforme
à la vérité.

Si donc vous trouvez que les mœurs de la princeffe
de Naffau font offenfées ; ce n'eft plus moi que vous
devez accufer , mais la feule néceffité des chofes.

Suppofons , pour m'expliquer mieux , que le fieur
Daudet foit un homme de bien , une homme d'une
conduite irréprochable , alors , dans cette hypothefe,
je n'aurai certes rien dit qui ait pu donner lieu au plus
léger foupçon fur les mœurs de la princeffe de Naffau,
lorfque j'ai fait connoître qu'il exiftoit des relations intimes entre elle & le fieur Daudet : ce n'eft donc que
parce qu'il eft environné de la plus honteufe réputation , que je n'ai pu , felon vous , fans que les mœurs
de la princeffe de Naffau aient été offenfées , parler
de fes relations avec elle ; mais dans cette circonftance , je vous le demande , à qui doit s'en prendre la
princeffe de Naffau ? Eft-ce à moi , qui , par la néceffité de la défenfe du fieur Kornmann , me fuis vu
contraint de faire remarquer de telles relations , ou à
elle qui les a foigneufement entretenues ? ou à elle
qui , en faifant d'un homme qu'elle favoit de tout
point mal famé , fon agent , fon homme de confiance , fon ami , en le fervant outre mefure dans une
occafion où il ne méditoit qu'un crime , a malheureufement prouvé que fa réputation lui étoit bien peu

chere, & n'a pas craint de préparer ainsi sur elle-
même, l'opinion défavorable dont vous m'accusez si
inconsidérément d'être l'auteur aujourd'hui?

Et puis, à propos de quoi parlez-vous ici des
mœurs de la princesse de Nassau, & qui a jamais
songé à les offenser ?

Il peut exister entre un homme & une femme des
relations de plusieurs especes ; des relations de société, des relations d'amitié, des relations d'intrigue,
enfin des relations qui blessent les mœurs, parce qu'elles ont une passion désordonnée pour objet. Or, il est
impossible que j'aie pu avoir en vue, en parlant de la
princesse de Nassau & du sieur Daudet, cette derniere
espece de relation. Car, quand j'ai dit un mot des relations de la princesse de Nassau avec le sieur Daudet,
j'ai rendu compte, en même temps, dans le plus
grand détail, de la passion du sieur Daudet pour la
dame Kornmann ; j'ai exposé que c'étoit pour servir
cette passion malhonnête, que la princesse de Nassau
avoit agi avec tant de zele, soit auprès de M. Lenoir,
soit auprès des ministres; mais, on me supposera sans
doute assez de raison pour croire que j'ai parfaitement
senti que s'il y avoit eu, entre la princesse de Nassau
& le sieur Daudet, des relations dans le même genre
qu'entre le sieur Daudet & la dame Kornmann, la
princesse de Nassau qui, dans cette supposition, auroit eu nécessairement le plus grand intérêt de rompre les relations du sieur Daudet avec la dame Kornmann, ne se feroit pas tant occupée de rapprocher
celle-ci de son séducteur.

En parlant des relations de la princesse de Nassau,
avec le sieur Daudet, je n'ai donc pas pu, comme
vous le voyez, avoir un seul instant dans la pensée le
projet imprudent de faire naître des soupçons sur les
mœurs de la princesse de Nassau. Mais, alors, me
direz-vous, de quelles relations avez-vous donc parlé?
De quelles relations ? Puisque vous voulez le savoir,

de relations de société, de relations d'amitié, de relations d'affaires, sur-tout de relations d'intrigue. Ce
dernier mot vous bleffe, je le fens ; mais, certes,
vous conviendrez que voyant la princeffe de Naffau à
la tête d'un complot abominable, qui n'a eu pour
terme que le déshonneur & la ruine d'une famille
auffi honnête que malheureufe, il faudroit que je
fuffe bien fcrupuleux fi, au lieu du mot propre, j'a-
vois recours à quelque circonlocution qui n'exprimeroit
qu'imparfaitement ce que je veux faire entendre.

Ainfi, je n'ai donc dit que ce que je devois dire ;
ainfi, je n'ai donc pas dit tout ce que je pouvois dire,
& fi je compare les faits qui me font offerts dans les
mémoires de M. Lenoir & du fieur de Beaumarchais,
à ce que je me fuis permis contre le prince & la princeffe de Naffau, je n'ai donné, à l'égard de ces derniers, que des preuves d'une modération fûrement
trop exceffive.

Cela pofé, je raifonne dans deux hypothefes.

Ou les faits contenus dans les mémoires de M.
Lenoir & du fieur de Beaumarchais, à la charge du
prince & de la princeffe de Naffau, font vrais, ou
ils font faux.

S'ils font vrais, & que le prince de Naffau trouve
mauvais qu'ils aient été révélés, & qu'il ait eu befoin
de s'en prendre à quelqu'un dans cette circonftance,
il eft évident que ce n'eft que contre ceux qui les ont
révélés qu'il a du rendre plainte. Or, ceux qui les ont
révélés ne font ni le fieur Kornmann, ni moi ; mais
bien, comme vous le voyez, M. Lenoir & le fieur
de Beaumarchais ; donc le prince de Naffau ne doit
pourfuivre ici que M. Lenoir & le fieur de Beaumarchais.

S'ils font faux, ce fera toujours la même chofe.
Alors, le prince de Naffau aura été calomnié, & ce
fera fes calomniateurs qu'il lui faudra pourfuivre ;
mais, fes calomniateurs ne feront, ni le fieur Korn-

mann , ni moi , puifque fi nous avons parlé d'après
les faits , dont on fuppofe ici la fauffeté , ce n'eft
pas nous qui avons publié ces faits les premiers ; ce
n'eft pas à nous dès lors qu'il faut en attribuer l'inven-
vention. Mais , les calomniateurs feront encore ici ,
M. Lenoir & le fieur de Beaumarchais , puifqu'eux
feuls on fait connoître ces faits ; puifque s'ils ne s'en
étoient pas prévalu contre nous , il ne nous feroit certainement échappé , contre le prince de Naffau , aucune des réflexions fâcheufes qui l'affligent aujour-
d'hui. Dans cette hypothefe , comme dans la précé-
dente , c'eft donc encore contre M. Lenoir & le fieur
de Beaumarchais qu'il doit diriger fes pourfuites.

De toutes les manieres le prince de Naffau a donc
manqué de juftefle , pour ne pas dire de jugement ,
en nous choififlant , le fieur Kornmann & moi , pour
objet de fa vengeance.

De toutes les manieres , ce n'étoit donc que contre M. Lenoir , ce n'étoit donc que contre le fieur de
Beaumarchais que le prince de Naffau devoit diriger
fes plaintes.

Sous ce point de vue , d'après tout ce que je viens
de dire , je puis donc conclure , fans crainte de contradiction , que la plainte du prince de Naffau contre
nous , eft auffi mal fondée qu'elle eft , quant aux
circonftances où elle a été rendue , récriminatoire &
inadmiffible

Voilà , je crois , ma troifieme propofition démontrée.

§ I V.

Je foutiens , en quatrieme lieu , que non-feulement
le prince de Naffau n'avoit d'action à intenter que contre M. Lenoir & le fieur de Beaumarchais ; mais ,
qu'il y alloit , & qu'il *y va encore* aujourd'hui de *fon
honneur* de rendre plainte contre l'un & l'autre , &
fpécialement contre le fieur de Beaumarchais.

Car , puifque le prince de Naffau a intenté une

action en calomnie dans l'affaire du fieur Kornmann ,
c'est fûrement parce que , dans cette affaire , on lui
a imputé des faits odieux & qui tendent à comprome-
tre , d'une maniere étrange , fa réputation.

Or , un homme d'honneur ne fouffre pas qu'on lui
impute des faits indignes de lui , & qui peuvent donner , de fon caractere & de fes principes , une opinion
défavorable.

Donc le prince de Naffau doit à fon honneur de
pourfuivre avec la plus grande févérité , les perfonnes
qui lui ont imputé les faits qui excitent aujourd'hui fon
reffentiment.

Et comme à l'aide d'un peu de logique , je lui ai
démontré que ces perfonnes ne font autres que M.
Lenoir & le fieur de Beaumarchais.

Vous voyez bien qu'il y va de l'honneur du prince
de Naffau de pourfuivre , avec la plus grande févérité ,
M. Lenoir & le fieur de Beaumarchais.

Il me femble que ce raifonnement eft fans réplique.

Ce n'eft pas tout.

C'eft finguliérement du fieur de Beaumarchais qu'il
importe au prince de Naffau de fe venger. Je prie qu'on
me fuive avec quelque attention.

Il faut encore revenir ici fur le mémoire du fieur de
Beaumarchais.

Vous voudrez bien vous rappeler que , dans ce
mémoire , le fieur de Beaumarchais raconte que , lorfqu'il s'eft chargé des intérêts de la dame Kornmann , il
ne la connoiffoit pas même de vue : » qu'il n'en avoit
entendu parler , pour la premiere fois , qu'au fameux
dîner chez le prince de Naffau ; que là , pour l'engager
à s'occuper de la dame Kornmann, on lui montra une
requête , par elle adreffée , du fond de fa prifon ,
(c'eft-à-dire, du fond de la maifon des dames Douay),
à monfieur le préfident de Saron , & à meffieurs de la
chambre des vacations , requête où elle faifoit un récit
fort touchant des maux qu'elle fouffroit ; que cette

requête, bien qu'elle émût fortement le sieur de Beau-marchais, ne le détermina pas encore ; qu'alors une personne de la compagnie lui remit un paquet conte-nant des lettres du sieur Kornmann au sieur Daudet ; qu'il passa sur la terrasse du prince de Nassau, où il lut ces lettres avidément ; que le sang lui monta à la tête en les lisant ; qu'y ayant trouvé que le sieur de Korn-mann avoit eu la bassesse de favoriser, dans ses desseins, l'homme qu'il accusoit d'avoir corrompu son épouse, il rentra & dit avec chaleur ; *Vous pouvez disposer de moi, messieurs ; & vous, princesse, (* en s'adressant à la princesse de Nassau,) *me voilà prêt à vous accompagner chez M. Lenoir, à plaider par tout la cause d'une infortunée punie pour le crime d'autrui.*

Vous voudrez bien vous rappeler que, dans ce même mémoire, le sieur de Beaumarchais raconte encore qu'il se servit des lettres du sieur Kornmann auprès de M. de Maurepas & des autres ministres, pour obtenir la révocation du premier ordre du roi, qui détenoit la dame Kornmann chez les dames Douay, & y faire substituer l'ordre qui la confioit au médecin Page, ou plutôt qui la livroit à son séducteur.

Enfin, je n'ai pas besoin de vous répéter que c'est dans ce même mémoire que sont transcrits de nom-breux lambeaux des lettres du sieur Kornmann, lambeaux qui, comme je vous l'ai dit, [e]n commen-çant, s'y trouvent arrangés avec un art assez perfide pour porter à croire que le sieur Kornmann est le premier auteur des désordres qui ont excité ses plain-tes, & justifier ainsi, & les transports qui ont agité le sieur de Beaumarchais à la lecture de ces fameuses lettres, & les démarches auxquelles cette lecture l'a déterminé.

Or, maintenant,

Vous savez que, dans mes précédens écrits, j'ai démontré de manière à empêcher toute réplique,

que le sieur de Beaumarchais en a grossiérement imposé lorsqu'il a dit qu'il ne connoissoit pas même de vue la dame Kornmann, quand il s'est chargé de sa défense ; qu'au contraire, bien antérieurement au dîner chez le prince de Nassau, il étoit dans la confidence du sieur Daudet, que plus d'une fois, il avoit favorisé le rendez-vous de la dame Kornmann avec celui-ci ; qu'en un mot, il avoit des relations à-peu près également intimes avec les deux personnages.

Vous savez, que dans mes précédens écrits, j'ai démontré que tout ce que le sieur de Beaumarchais raconte s'être passé au dîner chez le prince de Nassau, n'est qu'une fable inventée à dessein, pour motiver son abominable conduite dans l'affaire du sieur Kornmann ; que jamais, il n'a pu être question à ce dîner, des lettres du sieur Kornmann, au sieur Daudet, & de la prétendue complicité de l'un avec l'autre : & cela, si vous vous le rappelez, parce que ce fait principal, ce fait, qui avoit suffi seul, au dire du sieur de Beaumarchais, pour le déterminer dans toutes ses démarches, ce fait, qui seul, justifioit la dame Kornmann, ne seroit jamais sorti de sa mémoire ; il n'auroit donc pas manqué de s'en prévaloir à tout propos ; il n'auroit donc pas manqué, par exemple, de le répéter en quelque sorte à chaque ligne de sa déposition, lorsque le sieur Kornmann l'a fait entendre comme témoin dans son information ; il n'auroit donc pas manqué de le faire insérer dans tous les écrits de la dame Kornmann, évidemment commandés ou rédigés par lui, il n'auroit donc pas manqué de l'opposer sans cesse au sieur Kornmann, dans les nombreuses négociations tentées pour mettre fin aux démêlés de celui-ci avec son épouse ; il n'auroit donc pas manqué de dire, à toutes ces époques remarquables, au sieur Kornmann : ou subissez la loi que nous voulons vous imposer, ou je fais imprimer

L

vos lettres : & prouvant ainſi votre lâche complicité, avec le ſéducteur de votre femme, je vous couvrirai d'une honte qu'il ne ſera pas poſſible d'effacer. Et cependant vous êtes inſtruit maintenant que ni dans ſa dépoſition, bien qu'elle ſoit horriblement calomnieuſe, ni dans les écrits de la dame Kornmann, ni dans le cours des négociations pour pacifier les différens des deux époux, il n'a été une ſeule fois queſtion, il n'a été dit un ſeul mot, & du dîner chez le prince de Naſſau, & des lettres produites à ce dîner, & des déterminations priſes après la lecture de ces lettres.

Enfin, vous ſavez que dans mes précédens écrits, j'ai démontré que ſi on n'a pas oſé produire les lettres du ſieur Kornmann dans toutes les circonſtances dont je viens de parler, ſi on ne les a fait imprimer ſeulement qu'après la publication de mon premier mémoire, & tout-à-fait en déſeſpoir de cauſe, c'eſt qu'en effet, elles ne ſignifient pas ce qu'on a voulu leur faire ſignifier ; c'eſt qu'elles n'ont pas le moindre rapport aux déſordres de la dame Kornmann avec le ſieur Daudet ; c'eſt qu'elles ſe lient toutes à une autre aventure abſolument étrangere aux délits imputés par le ſieur Kornmann au ſieur Daudet ; & puis vous ſavez encore que ce n'a été qu'en les mettant en lambeaux, & en accompagnant chaque lambeau d'un commentaire infernal, qu'on a pu en tirer parti, pour donner à penſer que le ſieur Kornmann avoit favoriſé, par une connivence criminelle, les projets de ſéduction du ſieur Daudet, ſur ſon épouſe.

J'ajoute de plus aujourd'hui cette réflexion importante : c'eſt que ſi le ſieur de Beaumarchais perſiſte à ſoutenir, malgré tout ce que j'ai prouvé au contraire, qu'en effet il a été queſtion à un dîner chez le prince de Naſſau, des lettres du ſieur Kornmann, & que c'eſt en conſéquence des déterminations priſes à ce dîner, que ces lettres ont été produites aux miniftres , afin , comme il le dit , de leur faire ouvrir les yeux ; c'eft-à-dire , dans la réalité , afin de les tromper davantage , il fe trouvera que le fieur de Beaumarchais affocie à un complot déteftable , & le prince de Naffau , & toutes les perfonnes qui ont dîné , le jour dont il parle , chez le prince de Naffau.

Car , remarquez bien ce raifonnement , le dîner chez le prince de Naffau a lieu en 1781 , & le fieur de Beaumarchais ne s'eft prévalu publiquement dès lettres du fieur Kornmann qu'en 1787 , à l'époque où j'ai publié mon premier mémoire ; & jufqu'à cette époque , ni le prince de Naffau , ni la princeffe de Naffau , ni le fieur Daudet , qui , vraifemblablement , affiftoit auffi au dîner dont il s'agit , ni aucun des convives de ce dîner fameux , n'ont parlé de ces lettres : or cependant , tous , comme le fieur de Beaumarchais , avoient le plus grand intérêt d'en parler , puifque vous venez de voir que fi ces lettres fignifioient véritablement ce qu'on a voulu leur faire fignifier depuis , elles fuffifoient pour fermer irrévocablement la bouche au fieur Kornmann , pour terminer en un inftant toutes fes difcuffions avec fon époufe ; tous auront donc fenti , comme le fieur de Beaumarchais , qu'on ne pouvoit , fans leur faire dire ce qu'elles ne difoient pas , en tirer avantage contre le fieur Kornmann ; tous feront donc convenus de ne pas les produire en public , de peur de s'expofer à une difcuffion fâcheufe , mais de s'en fervir feulement en fecret auprès des miniftres , afin de leur perfuader , à l'aide de l'interprétation affreufe qu'on leur donnoit , que le fieur Kornmann avoit lui-même proftitué fon époufe à fon féducteur , & qu'il étoit de toute juftice de rendre à celle-ci la liberté qu'elle réclamoit. Tous , dans cette hypothefe , fe trouveroient donc complices d'une infâme calomnie , & d'une calomnie dont toutes les conféquences ont été défaftreufes , & fe trouvent aujourd'hui malheureufement irréparables.

(84)

Cela pofé, je dis au prince de Naſſau :

Ou j'ai démontré rigoureuſement, & de maniere à impoſer à jamais ſilence au ſieur de Beaumarchais, que la ſcene qu'il ſuppoſe s'être paſſée chez vous, & dans laquelle il aſſure qu'il a été queſtion pour la premiere fois des lettres du ſieur Kornmann, eſt une fable inſoutenable, imaginée uniquement pour le juſtifier, lui, & rendre de plus en plus odieux le ſieur Kornmann ;

Et alors, comme vous jouez un rôle principal dans cette fable abſurde, il ſera vrai que le ſieur de Beaumarchais aura travaillé à faire de vous, dans ſes écrits, un complice de ſon impudence & de ſa fourberie :

Ou, malgré ma rigoureuſe démonſtration, le ſieur de Beaumarchais s'obſtinera, pour ne pas ſe contredire, à prétendre que cette ſcene eſt véritable, & qu'en effet, les lettres du ſieur Kornmann ayant été produites au dîner dont il parle, la détermination y a été priſe de s'en prévaloir, pour calomnier en ſecret le ſieur Kornmann auprès des miniſtres.

Et alors, il ſera vrai, d'après ce que vous venez de voir, que le ſieur de Beaumarchais vous aura montré au public, comme concourant avec lui à l'exécution d'un complot exécrable, & à l'exécution d'un aſſaſſinat moral, dont je ne ſaurois trop faire remarquer la noirceur ; car, il n'y a rien de ſi noir que d'envenimer en ſecret une correſpondance innocente, que de la dénaturer par une interprétation ſiniſtre, que de la faire ſervir au déshonneur & à la ruine de celui qui en eſt l'auteur.

Or, dans la premiere hypotheſe, il vous aſſocie à une impoſture démontrée ; dans la ſeconde, il vous aſſocie à une abominable perfidie.

Mais, tout le monde aſſure que vous êtes un homme d'honneur.

Mais, je penſe que je n'ai pas beſoin de vous prouver qu'il y va de votre honneur qu'on ne faſſe pas de vous le complice d'une impoſture démontrée, ou d'une abominable perfidie.

Mais, je penſe que je n'ai pas beſoin de vous prouver qu'on ne croira plus à votre honneur, ſi vous le laiſſez un inſtant en ſouffrance.

Mais, je pense que je n'ai pas besoin de vous prouver qu'ici, pour ne pas le laisser en souffrance, vous devez néceſſairement attaquer celui qui s'eſt permis de l'entacher d'une maniere ſi cruelle.

Et celui qui s'eſt permis de l'entacher d'une maniere ſi cruelle, eſt, comme vous le voyez, le ſieur de Beaumarchais.

Donc, votre honneur vous commande impérieuſement d'attaquer le ſieur de Beaumarchais.

Donc, ou toutes les notions ſur l'honneur ſont fauſſes, ou vous, qui avez rendu plainte contre moi, pour deux miſérables phraſes que j'avois bien le droit d'écrire, & qui ne vous compromettoient pas au point où vous compromet ici le ſieur de Beaumarchais, ſous peine de manquer à l'honneur, vous vous devez de demander hautement vengeance de l'inſulte grave que cet homme audacieux vous a faite.

Donc, en réſumant, ſi vous êtes un homme d'honneur, vous pourſuivrez M. Lenoir, vous pourſuivrez ſur-tout le ſieur de Beaumarchais.

Voilà, je crois, ma quatrieme propoſition démontrée.

§ V.

Je ſoutiens, en cinquieme lieu, que, quand tous les faits contenus dans mes mémoires, à la charge du prince de Naſſau, & du ſieur de Beaumarchais, ſeroient faux, ni l'un ni l'autre n'étoient fondés à rendre plainte contre moi.

Ici, je me conſidere à part du ſieur Kornmann, & je recherche de quelle étendue de liberté j'ai dû jouir en m'occupant de ſa défenſe.

Le ſieur Kornmann, étoit, depuis long-temps, l'objet d'une perſécution auſſi active que cruelle. On lui avoit enlevé ſon épouſe, on l'avoit dépouillé de la plus grande partie de ſa fortune ; ſon honneur étoit compromis par d'affreuſes calomnies : ſa liberté étoit menacée. On en vouloit même à ſa vie.

Je me trouve dans ſa maiſon à l'inſtant où il eſt aſſaſſiné ; & c'eſt preſque ſous mes yeux, c'eſt à deux pas de moi que l'aſſaſſinat eſt commis. Dans cette

circonftance terrible, je fuis témoin du boulevere-
fement inexprimable qu'il éprouve : je vois le défef-
poir de fes enfans ; je vois que s'il périt, ils périront
auffi, eux, victimes innocentes de la barbare incon-
duite de leur mere, & des lâches complots de fes
corrupteurs. Je cherche alors autour de lui fi quelque
ami lui refte, qui puiffe l'aider dans fon infortune,
quelque ami qui ait affez de force & de caractere
pour le défendre. Je cherche en vain : tous l'ont abandonné. Car, dans ce pays, où l'impitoyable égoïfme
a defféché toutes les ames, le malheur ifole, & l'homme
atteint des coups du fort, reffemble à l'arbre frappé
de la foudre, dont le voyageur s'éloigne avec effroi.

Or, que devois-je faire ? fi, dans la décadence déplorable de vos mœurs, il exifte encore parmi vous quelques hommes pour qui l'humanité ne foit pas un vain
nom, quelques hommes qui penfent que délaiffer un
malheureux, quand on peut le fecourir, que calculer
froidement le danger que l'on court en prenant fa
défenfe quand il périt, s'il n'eft défendu, c'eft le crime
d'un lâche, c'eft une violation facrilege des premieres
lois de la nature, c'eft à eux que je m'adreffe, & je
leur dis :

Le hafard me conduit dans une forêt écartée. Là,
tout-à-coup, s'offre à mes regards, un homme affailli
par d'autres hommes, que je prends pour des brigands ; un mouvement d'indignation & de pitié m'entraîne rapidement vers le lieu du combat. Je vois
l'homme affailli, prêt à fuccomber fous les coups
de fes impitoyables aggreffeurs, n'oppofer à leurs
efforts qu'une réfiftance inutile ; &, fans héfiter, je
me place entr'eux & lui, & dirigeant contre moi tous
les poignards levés fur fa tête, je cherche, comme
je le puis, à l'arracher à la mort, dont il eft menacé.

Je vous le demande à tous, fais-je bien, fais-je
mal ? ou plutôt, en eft-il un feul parmi vous qui,
dans une telle circonftance, ne me regardât comme
le plus lâche de tous les hommes, fi, n'écoutant
qu'une prudence timide, je m'éloignois de cette fcène
de carnage ? ou plutôt, en eft-il un feul parmi vous,

qui ne penfe que l'honneur, & l'humanité plus fainte que l'honneur, m'ordonne impérieufement de voler au fecours du malheureux dont je vois les jours en danger ?

Et alors qui d'entre vous me blâmera de ce que, dans une circonftance, felon moi, tout-à-fait femblable, m'élevant au-deffus de toutes les confidérations, bravant tous les périls, négligeant toutes les précautions, n'obéiffant qu'aux mouvemens de douleur & de compaffion qui m'agitoient, je me fuis occupé d'arracher à la fituation la plus déplorable, le plus perfécuté, le plus cruellement perfécuté de tous les hommes ? N'eft ce donc que dans une forêt, parmi des brigands, que l'humanité eft un devoir ? Et feroit-il poffible que, dans le cours ordinaire des événemens de la vie, il y eût une occafion où elle pût nous être imputée comme un crime ?

Non : quoiqu'on en puiffe dire, en défendant le fieur Kornmann, je n'ai fait que remplir une tâche à laquelle je ne pouvois être infidele, fans manquer à la plus impérieufe de toutes les lois de la nature ; non : fi j'euffe été affez vil pour l'abandonner à fa miférable deftinée, quand je croyois appercevoir en moi affez de moyens, quand du moins je me fentois doué d'affez d'énergie pour faire tête à la troupe d'hommes puiffans & pervers qui avoient conjuré fa ruine ; non ; j'aurois déshonoré mon ame, & les hautes penfées qui m'occupent, & qui puifent toute leur vie dans cette ame, dont aucun fentiment de baffeffe ou de crainte n'approcha jamais ; non : je les aurois fenti fe deffécher dans leur germe, comme la plante qui n'eft plus abreuvée du fuc généreux qui la nourrit, &, me furvivant à moi même, & jugé lâche par ma confcience, je n'aurois plus traîné que dans l'humiliation & la honte, une exiftence qui ne peut être heureufe qu'autant qu'elle a le bien de fes femblables pour terme & pour objet.

J'ai donc rempli mon devoir.

Or, fi j'ai rempli mon devoir, quels reproches avez-vous à me faire, & de quoi m'accufez-vous?

Je n'ai, dites-vous, écrit que des faits faux ; j'ai donc encouru toutes les peines deftinées à la calomnie.

Certes, il n'eft que trop démontré que tous les faits contenus dans mes mémoires font véritables. Mais, quand ils feroient tous faux, fans exception, fans modification, je vous le demande : eft-ce à moi que vous devez en imputer la fauffeté ?

Mettons les chofes au pis. Il feroit poffible auffi que dans cette forêt où je viens de me repréfenter volant au fecours d'un homme prêt à périr, ma pitié m'eût trompé ; que cet homme ne fût pas ce qu'il me fembloit être, c'eft à-dire, un malheureux affailli par des brigands, mais un brigand lui-même, pourfuivi par des hommes qui l'auroient furpris commettant un affaffinat. Eh bien, l'action que j'aurois faire, en partageant fon danger, en feroit elle moins noble, moins généreufe ? & fi cette action, en elle-même, eft généreufe & noble, & fi elle ne m'a été infpirée que par un fentiment d'humanité auquel vous venez de reconnoître que je n'ai pu réfifter fans devenir coupable, d'après quelle loi naturelle, je vous prie, d'après quelle loi pofitive, oferez-vous me condamner? Puniffez à la bonne heure, & vous ferez bien, l'homme que j'ai fecouru, s'il vous eft démontré qu'il eft un vil affaffin ; mais, refpectez le motif qui m'a porté à le défendre ; mais, eftimez le courage avec lequel je l'ai défendu; mais, ne foyez pas affez extravagant pour me traiter comme fon complice, quand il eft évident que, tandis qu'il ne méditoit qu'un crime, je n'étois occupé, moi, que de m'acquitter d'un devoir.

Dites donc tant que vous le voudrez, que les écrits publiés au nom du fieur Kornmann, font remplis de faits faux, de menfonges hardis ; dites, contre l'évidence, qu'il n'eft pas une feule ligne de ces écrits qui ne foit une calomnie, que m'importe & que pouvez-vous en

en conclure contre leur auteur ? Eh bien ! le sieur
Kornmann m'auroit trompé , & j'aurois été d'autant
plus facilement trompé , que l'état de désolation où je
le voyois , m'auroit plus vivement ému , m'auroit dis-
posé à le croire davantage ! Eh bien ! dans cette supposition étrange , il vous faudroit attaquer le sieur
Kornmann , & demander hautement justice de son
imposture ; voilà tout ce qu'il vous seroit permis de
faire : mais , moi , dont les intentions ont été si pures ,
la conduite si franche , le but si digne d'éloges ; moi ,
qui n'ai pu être entraîné à écrire en faveur du sieur
Kornmann , malgré tous les dangers que je courois ,
en formant une telle entreprise , que par les motifs les
plus propres à faire impression sur une ame élevée, je serai toujours au-dessus de vos atteintes , & vous ne ferez
jamais que ce que vous venez de reconnoître noble &
généreux en soi , puisse être compté par la loi , au nombre des délits dont elle commande à ses ministres de
poursuivre la vengeance.

Vous ne me contesterez pas la vérité de ces maximes.
Et c'est parce que ces maximes sont vraies , que , dans
les tribunaux, on n'admet aucune plainte contre l'homme
qui se consacre parmi nous à l'auguste & pénible fonc-
tion de défendre les malheureux , tant qu'il est en état
de justifier qu'il ne parle que d'après des faits garantis
par sa partie.

Or , ici le sieur Kornmann n'a-t-il pas hautement
avoué les mémoires qui ont paru sous son nom ? n'a-
t-il pas muni ces mémoires de sa signature ? & depuis ,
n'a-t-il pas constamment annoncé qu'il n'est aucun des
faits qu'ils contiennent qui ne soit véritable?

A la bonne-heure , continuez-vous ; nous n'avons
pas le droit de vous poursuivre pour avoir rédigé les
mémoires du sieur Kornmann ; mais , nous vous poursuivons à cause de la maniere dont vous les avez rédigés ; mais , nous vous poursuivons , parce que vous
nous y avez peints sous les traits les plus odieux; mais ,

nous vous pourſuivons, parce qu'au lieu d'avoir raconté
avec une ſimplicité tranquille, les faits que vous avez
révélés, vous les avez revêtus des couleurs les plus
fortes, les plus propres à couvrir d'une opinion à
jamais flétriſſante, les adverſaires que vous aviez à combattre.

C'eſt-à-dire, que vous voulez qu'on me puniſſe de
ce que je ſuis moi & non pas un autre, de ce que je
n'ai pas écrit avec vos facultés, mais avec les mien-
nes ; de ce que je me ſuis exprimé en conſéquence
des vives émotions que j'éprouvois, & non pas en
conſéquence de ce que vous euſſiez éprouvé à ma place, dans les mêmes circonſtances ; c'eſt-à-dire, que
tandis que je ne puis voir ſouffrir un malheureux ſans
me rendre propre toutes ſes douleurs, il faudra que
je parle comme ſi je ne reſſentois pas ces douleurs ;
c'eſt à dire, que tandis que l'innocence qu'on opprime,
a bien inconteſtablement le droit de faire entendre
des accens de déſolation ou de vengeance, moi, qui
me trouve appelé à la défendre, je ne puis chercher
à émouvoir comme elle, je ne puis imiter ou répéter
ſes accens. Il faut que mon cœur demeure froid ſous
les larmes de l'homme affligé qui m'implore ; ces
vexations, ces perfidies, ces abus d'autorité, ces attentats de tout genre, dont l'infortuné que je défends
a développé, ſous mes yeux, les triſtes circonſtances,
j'ai dû en écouter le récit avec indifférence, & parce
qu'au contraire, je n'ai pu entendre ce récit ſans
éprouver à la fois toutes les paſſions qui peuvent tourmenter une ame généreuſe, parce que j'ai fait paſſer
dans mes écrits, le feu de ces nobles paſſions, à votre avis, je ſuis coupable ?

Vous êtes donc coupables auſſi, orateurs immor-
tels, BURKE, FOX, SHÉRIDAN, qui pourſuivez,
dans ce moment, au nom des communes d'Angleterre, pardevant un tribunal auguſte, comme celui
en préſence duquel je me défends, le hardi dépréda-

reur d'un monde dévafté ? quand révélant les attentats
de cet homme trop coupable ; les droits des fouve-
rains & des peuples indignement envahis ; les traités
les plus folemnels, devenus des pieges pour tromper
la bonne-foi, & préparer de lâches ufurpations ou
d'odieux larcins ; les lois changées en inftrumens de
profcription ou de vengeance ; quand, expofant tant
de fcènes de défolation & de carnage ; le fexe le plus
foible, livré fans pitié à d'affreufes tortures ; l'innocence & la pudeur barbarement outragées ; la vieil-
leffe la plus refpectable, fouillée par l'infamie du fupplice ; toutes les cruautés mifes en œuvre ; toutes les
compaffions étouffées ; la folitude & des ruines, où
exiftoient des villes & des campagnes floriffantes ; des
races nombreufes, englouties ; une terre hofpitaliere
& couverte d'habitations paifibles, devenue le tombeau de fon peuple infortuné ; *l'efprit de férocité, de
rapine, plus dévorant que les bûchers funéraires ;
plus avide que la tombe, (1) plus inexorable que la
mort,* dominant feul fur la contrée la plus favorifée
de la nature ; quand, peignant à grands traits de fi
cruelles dévaftations, des calamités fi déplorables,
vous faifiez paffer rapidement dans l'ame de la multitude attentive qui vous écoutoit, les mouvémens
d'indignation, de terreur, de fenfibilité profonde dont
vous étiez agités ; quand les larmes couloient autour
de vous de tous les yeux. Eh bien ! vous étiez coupables ! cette douce & bienfaifante pitié, dont la nature a dépofé le germe dans tous les cœurs ; cette pitié, qui fait que nous fouffrons dans les autres, &
qu'antérieurement à toute réflexion, & comme par
un inftinct rapide, nous volons auprès d'eux, pour
nous foulager en quelque forte de nos propres douleurs, en foulageant les douleurs qu'ils éprouvent ;
cette pitié, fource inépuifable de toutes les affections

____

(1) Expreffions de M. Burke.

qui nous uniſſent , de tous les ſentimens qui nous élevent ; cette pitié qui , jointe au génie , & ſans laquelle il n'eſt pas de génie véritable , plaide perpétuellement depuis qu'il y a des tyrans & des eſclaves , des oppreſſeurs & des opprimés , la cauſe des eſclaves contre les Tyrans , des opprimés contre les oppreſſeurs ; cette pitié , éternelle & redoutable priere , en faveur de l'infortune & de l'innocence , au Dieu qui venge l'innocence & conſole l'infortune : Eh bien ! vous n'avez pas dû l'entendre. Il vous falloit froidement raconter les exécrables attentats que votre mémoire avoit recueillis , comme des bourreaux racontent des ſupplices ; nulle émotion , nul ſigne de compaſſion ou d'effroi , ne vous étoit permis : parmi nous , on vous auroit punis des larmes que vous avez fait répandre ; & attaqués dans votre honneur , menacés dans votre liberté , on vous auroit demandé compte , comme d'un crime , de vos efforts généreux pour faire prévaloir contre le *crédit* , & *la puiſſance* , les droits de vingt nations , indignement foulées.

Ah ! qu'ils attaquent , encore une fois , mon honneur ; qu'ils menacent , encore une fois , ma liberté ; non : pour me ſervir de vos expreſſions énergiques , non , en de telles circonſtances , *l'indifférence déshonore , le calme eſt une impiété* , la froide & tranquille raiſon ſuppoſe *l'abſence de tous les ſentimens ſacrés que l'homme a reçus du ciel & de la terre* , (1) & celui qui , placé entre un oppreſſeur & ſa victime , n'a point de larmes pour la victime , point d'indignation contre l'oppreſſeur , celui-là n'eſt pas appelé à parler au nom des malheureux , & la providence a chargé des hommes d'un autre caractere , du ſoin ſi noble , & quelquefois ſi périlleux , de les défendre.

Ce n'eſt pas tout , & vous ajoûtez que , quand il ſeroit vrai que vous ne pouvez m'attaquer , ni ſur le

____

(1) Expreſſions de M. Fox.

fond , ni fur la forme de mes écrits , vous êtes toujours autorifés à les regarder comme des libelles , & à me pourfuivre comme auteur de libelles , parce qu'ils ont été imprimés & diftribués en contravention à une loi que je devois refpecter.

Je vous entends , & c'eft encore des réglemens de la librairie qu'il nous faut parler.

Mais , d'abord ce n'eft pas au prince de Naffau qu'il appartient de faire une telle objection ; car , les deux écrits qui ont donné lieu à fa plainte font revêtus de la fignature , l'un , d'un procureur au Châtelet , l'autre , d'un procureur au parlement ; & , fous ce point de vue , ils n'offenfent en aucune maniere les réglemens de la librairie ; & , puifque j'ai occafion de le dire , fous ce point de vue , comme fous tant d'autres , il n'eft perfonne qui n'ait trouvé d'une abfurdité révoltante le procès que le prince de Naffau m'a intenté. Car , enfin , qu'ai-je fait dans tout ceci ? ce que fait tous les jours le jeune homme qui rédige un mémoire ou une requête dans l'étude d'un procureur. La requête , le mémoire conviennent ou ne conviennent pas au procureur ; s'ils ne lui conviennent pas , il les rejette ; s'ils lui conviennent , il les figne , & en répond : & il n'eft pas encore arrivé qu'on fe foit avifé de s'en prendre , pour de tels écrits , à celui qui les a redigés , plutôt qu'à celui qui les avoue.

On fent bien qu'en faifant une telle obfervation , je fuis loin de chercher à rejeter le fardeau de l'accufation criminelle dont je fuis l'objet , fur les deux officiers publics qui ont eu le louable courage de prêter leur miniftere au fieur Kornmann ; mais , il me paroît cependant convenable de faire remarquer ici , jufqu'à quel point , pour fatisfaire une aveugle haine , on a manqué aux premieres lois du bon fens , aux premieres regles de notre jurifprudence.

D'après ce que vous venez de voir , contre qui le prince de Naffau , s'il jugeoit à propos d'épargner

M. Lenoir & le sieur de Beaumarchais, devoit-il diriger son information ? évidemment contre les personnes dont il voyoit les noms au bas des mémoires qui l'offensoient. Or, parmi ces noms, a-t-il trouvé le mien ? & si celui-là seul peut-être accusé qui, par sa signature, donne la sanction à un écrit, qu'il étoit le maître ou de corriger ou de supprimer, comment a-t-on osé m'accuser, moi, qui, dans cette affaire, n'ai sanctionné, & n'ai pu véritablement sanctionner par ma signature, aucune de mes productions ? Quoi ! je rédige dans mon cabinet les mémoires du sieur Kornmann, je les remets ensuite au sieur Kornmann, seul, ou au sieur Kornmann & à ses conseils, & je leur dis : voilà ma tâche achevée, voyez si vous y trouvez quelque chose à reprendre ; & ils n'y trouvent rien à reprendre, & ils se la rendent propre en l'autorisant de leur signature, & on me recherche, moi, pour mon travail, quand mon travail est devenu la propriété d'un autre, quand ceux qui ont caractere pour en répondre en répondent, quand je ne puis, quand je ne dois pas en répondre ?

Encore une fois, je m'honore d'avoir défendu le sieur Kornmann, & on n'hésite pas sans doute à croire que si j'eusse pu signer mes mémoires, je n'aurois pas manqué de le faire. Mais, enfin, je ne les ai pas signés, & moins pour moi que pour tous ceux qui se trouveront dans une circonstance semblable à celle où je suis, il importe qu'on remarque combien, en ce qui me concerne, est irréguliere & vexatoire en tous sens, la procédure dans laquelle on a eu l'imprudence de m'impliquer.

Je m'étois écarté de l'objection, & j'y reviens. Ainsi le prince de Nassau n'a pas le droit de se prévaloir des réglemens de la librairie contre moi, puisqu'on s'est conformé à ces réglemens en publiant les écrits sur lesquels il a rendu plainte.

C'est donc ici au sieur de Beaumarchais, tout seul,

que j'ai affaire, & j'avoue en effet que le premier mémoire du sieur Kornmann, où il est tant question du sieur de Beaumarchais, ayant paru sans aucune signature légale, a été publié en contravention aux réglemens de la librairie.

Mais, de tout cela, que peut-il résulter?

Je le demande avant tout; de quel front le sieur de Beaumarchais ose-t-il m'opposer des réglemens qu'il a toute sa vie respectés si peu? Comment le compilateur insipide de tant de libelles obscurs contre les hommes les plus dignes de nos hommages, comment le distributeur de tant de mensonges imprimés, comment celui qui s'est si constamment joué des formes, toutes les fois qu'elles l'ont gêné dans le besoin qu'il avoit de nuire, comment celui qui, pour n'être pas surveillé dans le pouvoir formidable qu'il s'est attribué sur toutes les réputations, a fondé, hors des limites du royaume, une imprimerie fameuse d'où il peut, quand il le juge à propos, faire circuler dans l'Europe entiere, les calomnies nécessaires au succès de ses vengeances (1); comment cet homme audacieux ose-t il invoquer des regles qu'il a si souvent bravées, & pourquoi ces regles qu'il méprise, quand il attaque, deviendroient-elles son bouclier, quand il est réduit à la nécessité de se défendre?

Et puis, quel raisonnement vous serviriez-vous pour me prouver qu'une infraction aux réglemens de la librairie, donne à un ouvrage le caractere de libelle? Je puis faire imprimer demain les Fables de Lafontaine, en contravention aux réglemens de la librairie. Eh bien! les Fables de Lafontaine seront-elles un libelle, parce que je ne me serai pas conformé à ces réglemens? Qu'est-ce donc qui constitue le libelle? Uniquement la nature des faits que vous racontez, & l'intention que vous avez en les racontant. Une his-

____

(1) Imprimerie de Kehl.

toire, bien qu'imprimée avec privilége, n'est qu'un libelle, si elle ne contient que des faits faux, racontés avec l'intention de calomnier. Une histoire, bien qu'imprimée sans privilége, n'est pas un libelle si elle ne contient que des faits vrais, racontés avec l'intention d'éclairer ou d'instruire. Or, avez-vous prouvé que les faits contenus dans mes écrits sont faux, & qui d'entre vous, après tout ce que je viens de dire, osera soupçonner la pureté de mes intentions, quand je me suis occupé de les rédiger & de les répandre ?

Et puis encore, distinguez deux especes de lois ; des lois toujours obligatoires, parce qu'elles ne sont que l'expression de la loi naturelle, & des lois qui n'obligent que dans les circonstances où elles ne sont pas en contradiction avec la loi naturelle. Or, je vous ai, je crois, suffisamment prouvé que je ne pouvois, sans manquer au premier devoir que la nature impose à tous les hommes, ne pas m'occuper d'arracher le sieur Kornmann à l'horrible sort qu'on lui préparoit ; j'ai donc dû faire tout ce qui étoit indispensable pour remplir cette tâche honorable, & si, comme vous le savez maintenant, je me suis trouvé dans une circonstance où les réglemens de votre librairie s'opposoient à la publication des écrits, qu'il a été nécessaire de répandre pour sa défense, les réglemens de votre librairie se seront donc trouvés en contradiction avec le premier de mes devoirs ? Malgré moi, pour ne pas devenir coupable, je me serai donc vu forcé d'en négliger l'observance ?

Et puis, enfin, toutes les fois que vous parlez des réglemens de la librairie, n'oubliez pas qu'il n'est aucun des hommes qui ont eu à faire connoître parmi vous des vérités nouvelles, ou a dénoncer des injustices éclatantes, qui ne se soit vu contraint de les enfreindre ; n'oubliez pas que les lumieres, dont vous jouissez aujourd'hui, & à l'aide desquelles vous cherchez à donner à ce peuple sans principes & sans lois,

une

une conſtitution ſupportable, n'auroient jamais formé, par leur réunion, le jour qui vous éclaire, ſi ceux qui ſe ſentoient nés pour les répandre, s'étoient trop ſcrupuleuſement contenus dans les bornes que votre police leur preſcrit. Et, au lieu d'invoquer à tout propos des lois fauſſes, & qui ſemblent n'avoir pour objet que d'arrêter le mouvement de la penſée, chez ce petit nombre d'hommes privilégiés, que la providence fait paroître, de temps en temps ſur la terre, pour changer le cours des opinions qui nous égarent, & reporter tout leur ſiecle, vers des vérités, ou tout à-fait oubliées, ou trop long-temps méconnues; examinez pourquoi ces lois ſe trouvent preſque toujours en oppoſition avec un grand bien à faire, un grand mal à empêcher, une grande idée à produire (1), juſqu'à

---

(1) Je voudrois bien que toutes les fois qu'on parle des régle-mens de la librairie, on ſe reſſouvînt que c'eſt auſſi en contravention aux lois des empereurs romains qui, en pluſieurs points, reſſem-bloient aux réglemens de notre librairie, que l'évangile a été répandu dans le monde, comme ſi, par cet exemple, Dieu lui-même avoit daigné vous avertir que toute loi qui tend à gêner la penſée de l'homme eſt une loi néceſſairement abſurde, puiſ-qu'il s'eſt trouvé une circonſtance où, ſi des lois de cette eſpece euſſent été reſpectées, l'œuvre même de ſa providence eut été empêché ſur la terre.

L'homme étant un être moral, dont la nature eſt de ſe per-fectionner ſans ceſſe; l'homme étant un être ſujet à l'erreur, dont le devoir eſt de chercher ſans ceſſe la vérité; l'homme étant un être ſocial qui, conſéquemment, n'a pas reçu pour lui ſeul, mais encore pour ſes ſemblables, le don de la penſée, il me ſemble que vous offenſez tous les principes conſtitutifs de ſon être, chaque fois que vous gênez le développement de ſon in-telligence, chaque fois que vous l'empêchez d'en communiquer les réſultats, chaque fois que vous prétendez fixer le terme où elle doit s'arrêter.

Il me ſemble encore que ſi la providence eût voulu que la penſée de l'homme fût eſclave, elle nous auroit donné un moyen de la réduire en ſervitude. Or, qui d'entre vous a trouvé ce moyen? dans la priſon la plus obſcure, ſous le poids des plus lourdes chaînes, quel eſt le captif, quel eſt l'homme opprimé, qui ne ſent pas ſa penſée indépendante, qui ne conſerve pas le pouvoir in-défini de la mouvoir à ſon gré, qui ne la tranſporte pas où bon lui ſemble, & juſqu'aux dernières limites de l'eſpace, malgré les fers qui le retiennent, & le cachot où il eſt enſeveli? Mais, je vous le demande, cette propriété toute ſeule de la penſée, de ne pouvoir

N

ce que vous les ayez, ou fuprimées, ou du moins réformées, ne trouvez pas mauvais qu'en des occafions comme celle où je me trouve, un homme doué d'une

jamais être arrêtée ou contrainte dans fon effor, ne vous avertit-elle pas fuffifamment que toutes les lois que vous faites pour en contrarier le mouvement, font des lois fauffes, des lois contradictoires avec les premieres lois de la nature ?

Et puis, réfléchiffez qu'avec de telles lois, vous femblez nous dire que toutes vos inftitutions font bonnes, toutes vos opinions faines, que dans vos fciences, dans vos polices humaines, vous n'avez point d'erreur à détruire, point d'abus à déraciner, & alors, apprenez-moi donc pourquoi vous réformez fi fouvent vos inftitutions, vos opinions, vos fciences, vos polices ?

Ne concluez pas de ceci, cependant, que j'approuve la licence des penfées : perfonne n'eft plus ennemi que moi de toute efpece de licence ; tout ce que je veux dire, c'eft que fous prétexte d'empêcher l'effor, c'eft qu'il faut que chacun foit libre de produire fa penfée, puifqu'il tient ce droit de Dieu même, fauf à répondre perfonnellement du mal qu'il peut faire, & encore, établiffez ici quelques diftinctions.

Si, en manifeftant fa penfée, un homme a eu *l'intention* de nuire à un autre homme, puniffez-le, car il a voulu faire le mal.

Si, en manifeftant fa penfée, un homme a eu *l'intention* de détruire quelques vérités foit politiques, foit morales, importantes à l'ordre focial, puniffez-le, car il a voulu faire un très-grand mal.

Si, en manifeftant fa penfée, un homme a nui à un autre homme fans le vouloir ; obligez-le à réparer le mal qu'il a fait, mais, ne le puniffez pas, car fon intention n'a pas été mauvaife.

Si, en manifeftant fa penfée, un homme a répandu des erreurs, qu'il croyoit des vérités utiles, ne le puniffez pas, car vous êtes auffi fujets à l'erreur ; réprimez feulement l'erreur, en l'éclairant lui-même, en éclairant fur-tout ceux qu'il a égarés ; ne le puniffez pas, car il a cru bien faire, dites-lui feulement : votre doctrine n'eft pas la nôtre, & nous l'eftimons fauffe par telles ou telles raifons ; allez ailleurs fi vous vous croyez obligé de la répandre. Et puis dans le cas où, contre notre opinion actuelle, vous auriez raifon, elle nous reviendra, car Dieu ne veut pas que la vérité périffe, & il nous eft témoin que nos cœurs font ouverts à la vérité.

Au refte, j'efpere quelque jour traiter ce grand & important fujet de la liberté de la preffe, dans tous fes détails, & il me femble que je prouverai, en m'appuyant fpécialement fur les maximes de tolérance de l'évangile, livre où j'aime à chercher mes principes, parce qu'il renferme tous ceux qui tendent au plus grand bien de l'homme ; il me femble, dis-je, que je prouverai que cette liberté de la preffe, fi conforme à la loi naturelle, s'accorde encore en tout point avec les intérêts de la religion, de la morale & de la véritable politique, de celle qui a le bonheur individuel, comme le bonheur public pour objet.

On dit que l'intention du gouvernement eft d'arriver un jour à

ame pure & courageuse, franchiſſe quelquefois les obſtacles dont elles l'environnent, pour mieux atteindre le but moral auquel il lui faut tendre, & ne pas demeurer infidele à l'impoſante & fiere deſtinée que la divinité elle-même a daigné lui départir.

Sous tous les points de vue, vous n'avez donc pas eu le droit de m'attaquer ; ſous tous les points de vue, & en ſuppoſant même que les mémoires dont vous vous plaignez, ne contiennent que des faits faux, vous devez donc reſpecter le motif qui me le fit entreprendre, & quoi que vous faſſiez, vous ne trouverez jamais, ni dans vos lois, ni dans vos uſages, une raiſon ſuffiſante pour légitimer l'eſpece de perſécution dont vous m'avez rendu l'objet.

Voilà, je crois, ma cinquieme & derniere propoſition démontrée.

Or, ſi mes cinq propoſitions ſont démontrées, ſi vous ne pouvez vous refuſer à la force des raiſonnemens que vous venez de parcourir, je vous le demande, quelle opinion vous reſte-t-il maintenant de cette double procédure, inſtruite avec tant d'appareil contre nous, à la requête du prince de Naſſau & du ſieur de Beaumarchais ? Etoit-il poſſible d'en imaginer une plus bizarre, plus deſtituée de fondement ? N'ai-je pas eu raiſon de ſoutenir que, peu ſérieuſe en elle-même, elle n'a évidemment pour objet que d'éloigner, ou d'empêcher le jugement de l'affaire principale, à laquelle elle ſe rapporte ? Et alors, que vous ſemble du ſieur de Beaumarchais ? Quel fruit peut-il recueillir

---

un état de choſes où cette liberté ne ſoit plus reſtreinte. Il ſeroit bien à ſouhaiter qu'en attendant elle fut accordée au moins ſur les matieres de légiſlation & d'économie publique. Nous avons tant à faire dans ce genre que le concours des lumieres de tous les hommes de génie me ſemble indiſpenſable pour les réformes ou les améliorations qu'on médite, & les hommes de génie ne parlent que ſous le régime de la liberté. Alors leurs penſées ſont calmes, leurs réflexions tranquilles ; ils raiſonnent, ſi je le puis dire, à leur aiſe : ils outrepaſſent plus difficilement la vérité, & jamais les déclamations, rarement l'erreur, ſe mêlent à ce qu'ils écrivent.

d'une combinaison si misérable ? Que lui ont produit,
je vous prie, ces nouvelles tentatives faites pour m'é-
chapper, bien plus encore que pour me combattre ?
que lui ont-elles produit ? sinon la honte d'avoir ajouté
à tant de manœuvres fausses, une manœuvre absurde ?
sinon d'avoir, comme je l'ai également annoncé, donné
la mesure de l'impuissance où il est de se défendre ? sinon
d'avoir augmenté, par quelques vexations de plus, la
bonne opinion que le public a déjà conçue de la cause
du sieur Kornmann ? sinon de faire désirer, avec plus
de vivacité que jamais par tous les honnêtes gens, par
tous les hommes qui s'indignent de ce que les mœurs
ne sont pas encore vengées, l'instant trop différé où le
malheureux pere de famille que je défends, obtiendra, enfin, la justice éclatante qu'il réclame ?

Ainsi j'ai rempli la principale tâche que je m'étois
proposée dans cet écrit : ainsi, on ne peut plus me
contester que la double procédure du sieur de Beaumarchais ne soit un incident monstrueux, que les lois
doivent se hâter de proscrire : ainsi, maintenant il est
sensible à tous les yeux que cet incident absurde n'est
que le dernier effort de l'imagination d'un coupable,
à qui tous les moyens sont bons, pourvu qu'il échappe
à la peine qui l'attend, & qu'il n'a que trop méritée.

Cependant, je n'ai pas achevé, & il me faut encore
développer quelques réflexions sur la conduite que M.
le procureur du roi & M. le lieutenant criminel ont
tenue, depuis que l'un a été occupé de conclure, &
l'autre, de juger dans cette affaire.

J'aurois voulu m'épargner ces réflexions ; mais,
elles importent à l'ordre public, & il me semble que
toutes les fois qu'une occasion se presente d'en faire de
ce genre, on est coupable si on ne la saisit pas. Mais
de plus, elles sont essentiellement liées à la cause que je
défends ; car, je crois que l'on conviendra sans peine
que le sieur Kornmann & moi, nous avons le plus
grand intérêt à ne pas dépendre davantage, pour se

fuccès de nos réclamations ou de nos plaintes, de M.
le lieutenant-criminel & de M. le procureur du roi. Or,
quoique d'après les raisonnemens que je viens de mettre
sous vos yeux, il me paroisse à-peu-près certain
que la cour se hâtera de proscrire la double procédure,
dont je crois avoir démontré si complettement l'extra-
vagance & la nullité, quoique, d'après les faits que vous
avez lus, j'aie tout lieu de préfumer également que si
la cour n'eftime pas l'affaire générale du fieur Kornmann
fuffifamment inftruite pour la retenir, ce ne fera pas
M. le lieutenant-criminel & M. le procureur du roi
qu'elle chargera d'en continuer l'inftruction, néanmoins,
afin de ne rien négliger, il faut que je raifonne dans les
hypothefes même les moins vraifemblables.

Et, en conféquence, pour l'intérêt du fieur Kornmann & pour le mien, &, comme vous l'allez voir,
pour l'intérêt public, il me convient de prouver ici
d'une maniere fpéciale que dans le cas où, contre
mon attente, la Cour, par des confidérations qui
m'auroient échappé, déclareroit légale la double procédure ; que dans le cas encore où elle ne jugeroit
pas l'affaire du fieur Kornmann affez avancée pour
l'évoquer à elle, la conduite de M. le procureur du
roi & de M. le lieutenant-criminel, à notre égard, a
été telle qu'ils ne peuvent connoître davantage & de
l'affaire du fieur Kornmann & de la double procédure, & qu'il y auroit une extrême injuftice aujour-
d'hui à nous renvoyer pardevant eux.

On ne m'accufera pas, fans doute, d'être le par-
tifan des ordres arbitraires, & j'imagine qu'on n'héfite
pas à croire que je n'applaudiffe, à l'exemple de
tous les hommes qui penfent en France, à la fermeté courageufe avec laquelle les magiftrats fupérieurs
ont dénoncé au monarque, comme un attentat contre
les lois divines & humaines, l'ufage de ces ordres
fcandaleux à côté duquel toute efpece de liberté, je
vais plus loin, toute efpece de morale, ou publique

ou particuliere, me paroît abfolument impoffible.

S'il eft vrai, (& depuis que j'écris dans cette caufe, on a trop fouvent tenté de m'effrayer par la menace de quelqu'acte du pouvoir arbitraire (1), pour qu'on ne me permette pas d'ajouter ici un petit nombre d'idées nouvelles, à la maffe des idées lumineufes qui ont été déja développées fur cet important objet,) fi donc il eft vrai que l'homme ne foit bon ou méchant, heureux ou malheureux, que fuivant la nature des affections qui le dominent,

S'il n'eft heureux & bon qu'autant qu'il eft dominé par des affections qui ont la confiance pour caufe, s'il n'eft méchant & malheureux qu'autant qu'il eft dominé par des affections qui ont la crainte pour principe,

S'il eft de la nature des affections qui naiffent de la confiance de tendre au plus grand développement de notre être, d'opérer, quand nous les éprouvons, comme une forte d'épanouiffement qui nous fait du bien, & en portant notre exiftence au-dehors, de nous rapprocher de nos femblables, par des habitudes douces & paifibles,

S'il eft, au contraire, de la nature des affections qui naiffent de la crainte, de gêner le développement de notre être, d'opérer en nous, quand nous les éprouvons, comme une forte de contrainte qui nous fait du mal, & en nous repliant fur nous-mêmes, de nous ifoler de nos femblables par des habitudes folitaires & triftes,

Et puis fi toutes nos vertus naiffent de l'amour de nos femblables, fi elles n'exiftent que parmi les habitudes qui nous en rapprochent,

____

(1) Il ne s'eft prefque pas écoulé de mois, depuis cette époque, qu'on n'ait cherché à me détourner de mon entreprife par la crainte de quelques lettres de cachet, & ce n'a été que lorfqu'on a vu que cette crainte faifoit peu d'impreffion fur mon efprit, qu'on a eu recours à une diffamation par arrêt du confeil, & aux deux décrets dont j'ai tant parlé.

Si nos vices, au contraire, naissent de notre indifférence pour nos semblables, s'il ne regnent que parmi les habitudes qui nous en séparent.

On ne me contestera pas, je pense que par-tout où les hommes sont gouvernés par la confiance, ils tendent sans cesse au plus haut degré de perfection physique & morale, qu'il leur est donné d'atteindre; que par-tout, au contraire, où ils sont gouvernés par la crainte, ils vivent constamment dans un état de dégradation physique & morale, au-dessus duquel il ne leur est pas possible de s'élever.

Or, maintenant, dans quelle espece de gouvernement peut exister la confiance, & tous les genres de bien qu'elle produit ? Dans ceux uniquement où dominent des lois fixes, que ne peuvent pas plus enfreindre ceux qui gouvernent, que ceux qui sont gouvernés, des lois qui protegent le plus grand développement de nos facultés, à quelque classe de la société que nous appartenions, des lois que dans tous les temps, chacun est libre d'invoquer avec la même force & le même succès.

Là, l'homme n'ayant d'autre maître qu'une regle invariable, sachant ainsi constamment ce qu'il doit faire, & ce qu'il doit éviter, pouvant ordonner sa vie pour un systême de jouissances que les passions des autres ne viennent pas troubler à tous les instans, imprime nécessairement à l'ensemble de ses habitudes, un caractere d'ordre, de franchise & de sagesse qu'on chercheroit vainement ailleurs.

Là, aucune fausse opinion ne se mêle aux idées qu'il faut avoir de ce qui est juste, & de ce qui est injuste ; les consciences sont profondément éclairées ; les droits de l'homme sont universellement connus ; il y a une morale publique, parce que le sentiment inaltérable de ces droits précieux, regne avec énergie dans toutes les ames ; il y a des mœurs, parce qu'on y aime tout ce qu'on y doit aimer, parce que, encore, la nécessité d'être juste avec chacun, fait qu'on n'y aime que ce qu'on y doit aimer.

Là, on n'estime que ce qui est estimable; on ne récompense que ce qu'on estime ; les actions honnêtes sont aussi les actions utiles, & l'homme se trouve encouragé à la pratique de la vertu, par l'impulsion de sa conscience, & par l'espoir si actif de rendre, en faisant le bien, sa condition plus heureuse.

Là, quoiqu'on remarque les diverses espèces d'inégalités, que dans les sociétés, même les mieux organisées, entraîne nécessairement à sa suite, la différence des talens & des fortunes, ces inégalités n'ont point de conséquences funestes ; elles n'offensent, ni n'humilient. Elles n'offensent pas dans celui qui jouit de plus d'avantages, parce qu'elles ne lui donnent ni plus de pouvoir, ni plus de droits ; elles n'humilient pas celui qui est moins heureusement partagé, parce qu'elles n'accroissent ni sa sujétion, ni ses devoirs ; & la loi seule étant puissante, & tous étant égaux devant elle, l'allure de chacun, si je peux me servir de ce terme, a un air d'aisance & de liberté, qui annonce des hommes pleins de la dignité de leur être, & incapables de rien faire qui puisse l'avilir.

Là, enfin, vous trouverez la regle dans les desirs, la modération dans les jouissances, le repos dans tous les cœurs, les affections domestiques doucement développées pour le bonheur des individus, les affections sociales déployées avec énergie pour la prospérité commune, & les hommes unis entr'eux par tous les sentimens de cette bienveillance universelle à l'exercice de laquelle la nature a constamment attaché toutes les consolations de la vie, tous les plaisirs qui ne laissent point de remords, toutes les félicités permanentes & véritables.

Dans quelle espece de gouvernement, au contraire, existe la crainte & tous les genres de maux qu'elle enfante ? Dans les gouvernemens où les lois n'ont point de

de ſtabilité, où ceux qui gouvernent peuvent les changer, les modifier, en ſuſpendre l'exercice à leur gré,
pour y ſubſtituer des volontés arbitraires, des volontés
incertaines & paſſageres, comme les circonſtances &
les motifs qui leur ont donné l'être ?

Là, l'homme n'ayant d'autre regle que le caprice
de quiconque diſpoſe au-deſſus de lui de la puiſſance,
forcé, ſous peine de ſe nuire à lui-même, d'obéir
quand on commande, ſoit que ce ſoit le bien qu'on
ordonne, obligé ainſi de changer à chaque inſtant de
maniere de voir, ou du moins de maniere de faire,
imprimera, comme malgré lui, à toutes ſes habitudes, un caractere marqué d'incertitude, de foibleſſe
& de déſordre, effet indiſpenſable de la mobilité des
principes qui le déterminent.

Là, les idées du juſte & de l'injuſte ſeront néceſſairement modifiées par mille opinions fauſſes, ſelon
les perſonnes & les intérêts ; on parlera plus ſouvent
de convenance que d'équité ; une prudence ſervile
empêchera l'eſſor de toutes les conſciences ; les droits
de l'homme ſeront réputés incompatibles avec l'exercice de l'autorité ; il n'y aura pas de morale publique ,
parce qu'il n'y en a pas où ces droits ſont méconnus ;
il n'y aura pas de mœurs, parce que les mœurs ne
ſubſiſtent qu'avec la paix, la ſécurité de nos affections, & que cette paix, cette ſécurité, ne ſont point,
par-tout où les paſſions peuvent être armées du pouvoir, par-tout où il y a des hommes que la loi ne
peut atteindre.

Là, une diſtinction fatale s'établira entre les actions
honnêtes & les actions utiles , & il n'y aura d'actions
utiles que celles qui contribueront de près ou de loin
au bien-être de ceux qui diſpoſent de la puiſſance ;
la conſcience & l'intérêt perſonnel y ſeront donc
preſque toujours en oppoſition , & l'homme y ſera
dégoûté de la vertu, parce que la vertu y rendra
trop ordinairement ſa deſtinée plus mauvaiſe, parce
que la vertu emportant avec elle l'idée d'une réſiſ-
tance aux volontés injuſtes, il eſt tout ſimple qu'elle

déplaife à ceux qui pouvant tout, veulent auffi tout
ofer.

Là, toutes les efpeces d'inégalités feront funeftes,
parce que, par-tout où les volontés arbitraires regnent
au lieu de la loi, l'homme qui raffemble autour de
lui plus d'avantages, difpofe auffi de plus de pouvoir; les conditions de la fociété, felon qu'elles feront
plus élevées, ayant plus de droits à exercer, felon
qu'elles feront moins élevées, ayant plus de devoirs
à remplir, péferont donc les unes fur les autres,
depuis le tróne, jufqu'aux dernieres claffes du peuple.
Il y aura du prince au peuple, un mouvement d'or-
gueil, de domination & de mépris, qui, defcendant
d'une claffe à l'autre, les dépouillera fucceffivement
de toute leur énergie; il y aura du peuple au prince
un mouvement de baffeffe, de fervitude & d'adulation
qui, montant d'une claffe à l'autre, opérera l'avi-
liffement de chacune, & de ce double mouvement
réfulteront & les habitudes qui abattent l'ame, &
les vices qui la corrompent, & les penchans qui la
dépravent.

Là, enfin, l'égoïfme dominera dans toute fa force,
parce que par-tout où l'homme eft réduit à craindre
l'homme, par-tout où fon exiftence peut être impunément compromife, par les paffions ou les caprices
de fon femblable, ce n'eft prefque jamais la fenfibilité qui détermine fes rapports, c'eft prefque toujours la prudence ou l'intérêt qui les choififfent. Mais,
de quelle liaifon, de quel attachement durable, la
prudence & l'intérêt peuvent-ils être le principe? Ne
cherchez donc, dans un tel ordre de chofes, ni les
affections fociales, par lefquelles la félicité publique
s'accroît ou fe maintient, ni même les affections
domeftiques, fi effentielles au bonheur de chacun,
encore moins cette bienveillance univerfelle, fource
féconde de tous les fentimens qui nous rendent meilleurs & plus heureux; attendu que où l'on ne peut
compter fur des attachemens véritables, ce font les
jouiffances perfonnelles qu'on recherche, attendu fur-
tout, comme je viens de vous le dire, que l'homme
qui a le plus de jouiffances, eft auffi celui qui a le

plus de droits & de pouvoir, celui qui peut nuire
davantage, celui qu'on ofe offenfer le moins, raf-
fembler une grande fomme de jouiffances, fera, dans
toutes les conditions, l'occupation conftante de chacun. Or, quand le defir immodéré de jouir, s'eft
emparé de toutes les ames, dites-le-moi, y refte-t-il
quelque place pour la vertu, & la fociété que vous
offre-t-elle alors, qu'un vafte fyftême de corruption,
où fe font remarquer, à la fois, toutes les paffions
haineufes, jaloufes & viles, la diffimulation, la lâcheté,
la perfidie, la défiance inquiete, la dureté froide &
réfléchie; & tous les maux & tous les excès, & tous
les défordres que de tels élémens, mis en fermentation, peuvent produire.

Ainfi donc les gouvernemens feront bons ou mauvais, perfectionneront l'homme ou le dégraderont
plus ou moins, felon qu'ils agiront d'après les lois
plus ou moins analogues à fa conftitution, & fur-
tout d'après des lois plus ou moins fixes, & le pire
de tous fera infailliblement celui qui n'agira que
d'après des volontés arbitraires.

Pour vous faire remarquer les conféquences déplorables du pouvoir arbitraire, ce n'eft donc pas affez
d'arrêter vos regards fur les attentats de toute efpèce,
fur les actes de démence ou de cruauté de tout genre,
dont il a fouillé prefque toutes les pages de votre
hiftoire : ce n'eft pas affez de vous montrer à chacune
des époques de vos triftes annales, l'innocence, la
vertu, le génie, c'eft-à-dire, tout ce qu'aiment les
hommes, tout ce qu'ils honorent, tout ce qu'ils admi-
rent, expiant, par d'odieufes vexations, d'éclatantes
injuftices, ou des profcriptions fcandaleufes, le crime
fouvent involontaire, d'avoir heurté les paffions, ou
feulement troublé les fantaifies des dépofitaires, quelquefois très-fubalternes, de l'autorité : ce n'eft pas
affez de defcendre dans ces fatales demeures, deftinées
à renfermer les malheureufes victimes de ce pouvoir
abhorré, d'y recueillir dans des récits fideles, comment trop ordinairement, à la voix de ce qu'il y a
de plus vil, de plus corrompu parmi vous, s'ou-
vrent tous ces cachots obfcurs où, loin de toute

pitié, loin de toute humaine confolation, languiffent
tant d'infortunés ; d'y apprendre de la bouche même
de ces infortunés, par l'effet de quelles intrigues, de
quelles trahifons, de quelles trames ignorées, ils ont
été plongés la plupart, dans ces folitudes terribles, où
ce n'eft pas la juftice qui punit, mais l'autorité qui fe
venge ; ce n'eft pas affez de vous y faire raconter les
maux qu'ils endurent, comme ils y vivent, tourmen-
tés par tous les genres de craintes & de douleur ; à
quelles inexprimables inquétudes, à quels foucis dévo-
rans, à quelles angoiffes oppreffives on les abandonne ;
dans quel ifolement profond s'écoulent leurs jours,
leurs années, quelquefois toute leur vie ! Comme ils y
gémiffent, féparés les uns des autres par un épais & froid
filence, comme ils pleurent tout feuls !.. Ah ! s'il eft un
Dieu vengeur, fans doute, il recueille ces larmes folitaires, fans doute, il les réferve comme un tréfor de colere
pour le jour folennel de fes jugemens ; fans doute
que dans ce jour redoutable, donnant à chacune
de fes larmes l'activité d'un fupplice, il en couvrira,
pour une entiere éternité, tous ces hommes affreux,
qui, afin de fatisfaire des paffions d'un moment,
n'ont pas craint de condamner d'autres hommes à
les répandre. Eh bien ! ces détails font horribles, &
ils ne fuffifent pas, à mon gré, pour vous faire haïr
le pouvoir arbitraire, comme il faut le haïr ; vous
n'appercevez là que fon action immédiate fur les
malheureux qu'il dévoue à fa haine, ou à fes fureurs,
& à côté des forfaits qu'il commande, & des pleurs
qu'il fait couler, c'eft fur-tout fon action fur la maffe
des idées, des mœurs & des habitudes fociales, que
je voudrois que vous étudiaffiez avec moi.

Alors feulement, vous pouvez vous faire une idée
jufte de fa défaftreufe influence ; alors vous conce-
vez, lors même qu'il ne frappe qu'un petit nombre
de têtes, comment, dans toutes les claffes de la fociété, il dénature les affections de l'homme, comme
il altere tous fes penchans, comme il trouble tous les
rapports, comme il diffout tous les principes qui doi-

vent le diriger : comment, ennemi par essence de toute espèce d'ordre, il est également ennemi par essence de toute espèce de bien ; alors vous voyez clairement pourquoi un peuple qui s'y trouve asservi, est toujours un peuple sans caractere & sans morale ; un peuple, où tout ce qui commande, corrompt ; où tout ce qui obéit, se déprave ; c'est-à-dire, infailliblement le plus avili, le plus dégradé de tous les peuples ; & si, comme vous ne pouvez le nier, la providence, en douant l'homme de toutes les facultés propres à le rendre bon & heureux sur la terre, n'a pas voulu qu'il y vécût dans un état de misere & de corruption, alors ce pouvoir vous paroît, ce qu'il est en effet, une insulte à Dieu même, une violation sacrilége de ses lois ; & quand un homme, manquant à l'éternelle vérité, & trompant à la fois & son prince & sa nation, (1) ose vous déclarer que c'est ainsi que

---

(1) Je regarde comme criminel de leze-majesté, tout homme qui ose se déclarer le partisan du pouvoir arbitraire. Car, plus il s'efforce de maintenir ce pouvoir, & plus il rend odieuse l'autorité du prince, & plus il l'isole de son peuple, & plus il affoiblit sa puissance véritable.

Le plus grand homme de nos temps modernes, Charlemagne fut aussi le plus puissant prince de son siecle, & pourquoi ? Parce qu'il eut toujours en horreur un despotisme sans regle & sans mesure, parce que profondément habile dans l'art de gouverner, & sachant très-bien qu'on ne gouverne pas, mais qu'on opprime seulement, toutes les fois qu'on entreprend de contraindre les volontés, au lieu d'éclairer les esprits, il ne publioit pas une ordonnance qui n'eût été discutée dans des assemblées de province, puis dans des assemblées nationales, où toutes les lumieres étoient recueillies, & où les lois recevoient leur derniere sanction, par le consentement libre des représentans du peuple. Ce monarque prodigieux, dans un siecle à demi-barbare, avoit senti que la raison a un empire naturel sur l'homme, & comme il ne vouloit rien que de raisonnable, il ne lui en coûtoit pas d'assujettir tout ce qu'il méditoit pour la prospérité de ses vastes états, à une discussion publique. C'est dans cette conduite constante, c'est dans l'attention qu'il a eue de se rapprocher sans cesse de sa nation par la confiance, qu'il faut chercher le secret des grandes choses qu'il a opérées. Il persuadoit les lois plus qu'il ne les faisoit, &, gouvernant les hommes par l'opinion, & ôtant ainsi à l'obéissance ce qu'elle a de servile, il entraînoit son peuple sur ses pas, bien plus en associant ses volontés à la sienne, qu'en s'efforçant de les asservir.

les peuples doivent être gouvernés, alors, vous croyez
l'entendre dire, en d'autres termes : « Je sais que la
providence veut que, dans ce monde, l'homme fasse
tous ses efforts pour arriver à son plus haut période
de perfection physique & morale ; je sais que toutes
ses facultés ne lui ont été données qu'à ce dessein ; je
sais qu'il existe pour lui, dans la nature, des regles
invariables de justice, dont on ne peut long-temps
l'écarter, sans le rendre méchant & malheureux,
sans le vouer à la fois au vice & à l'infortune ; je
sais qu'il fut créé libre, afin de se rapprocher sans
cesse du bien & de la vertu ; je sais toutes ces choses;
& je ne veux pas, moi, ce que veut la providence,
je veux étouffer toutes les facultés de l'homme ; je
veux qu'il soit esclave, afin qu'il soit souffrant & corrompu ; je veux qu'il n'y ait de juste pour lui, que
ce qui plaît à ses maîtres ; je veux qu'il n'y ait d'injuste, que ce qui leur déplaît ; je veux éteindre son
intelligence, avilir son cœur, paralyser, s'il se peut,
sa conscience, &, en le tourmentant, en le dépra-
vant de toute maniere ici-bas, lui préparer encore,
pour une autre vie, une destinée plus désespérante &
plus misérable. »

Oh ! que pensez vous de ce langage, & qu'est-il
autre chose, dites-moi, qu'une grande impiété, que
tous les châtimens de la terre ne peuvent punir, &
dont le ciel, tout seul, s'est réservé la vengeance ?

Ainsi, au nom de l'humanité, d'immortelles actions
de graces doivent être rendues aux magistrats supérieurs, qui, de toutes parts, insistent aujourd'hui sur
la destruction du pouvoir arbitraire ; ainsi, parce
qu'heureusement, le monarque qui régit cet empire
est né pour toutes les vérités utiles ; parce que, dans
toutes les circonstances de son regne, où il a pu écouter son propre cœur, il n'a cessé d'annoncer le projet
magnanime de se rapprocher de son peuple, par une
législation plus humaine & plus douce ; il y a tout

lieu de penſer que l'eſpoir des gens de bien ne ſera pas trompé, & que la nation la plus faite pour être gouvernée par la confiance, & par l'amour, n'aura plus long-temps à gémir ſur tous les genres de calamités, que ce pouvoir a produits. (1)

____

(1) On a dit, afin de juſtifier l'uſage des ordres arbitraires, qu'ils ſont néceſſaires, pour conſerver, dans beaucoup de circonſtances, l'honneur des familles, lequel peut être facilement compromis par le crime d'un ſeul, à cauſe du préjugé qui fait rejaillir ſur une famille entiere, la honte de la condamnation d'un accuſé.

Mais, cette objection eſt-elle de quelque valeur, à côté des grandes vérités que je viens de développer ? Et ſi je vous ai démontré que l'exercice des ordres arbitraires heurte les premieres lois de la morale & de la nature, favoriſe tous les genres de dépravation, & prepare la diſſolution de tous les principes de la ſociété, peut-il exiſter pour vous un motif raiſonnable de le maintenir ?

D'ailleurs, pourquoi ne pas remonter à l'origine du préjugé dont il s'agit ? Pourquoi ne pas vous attacher à le détruire, en faiſant diſparoître les cauſes qui le reproduiſent tous les jours ?

Or, ces cauſes, où les trouvez-vous ? Dans des diſpoſitions bien atroces de vos lois criminelles. La premiere eſt celle qui, diſtinguant les hommes juſques ſous l'action de la loi, détermine la nature des peines ſelon les perſonnes, & non ſelon les délits : celle qui veut qu'un noble, coupable de tel crime, ait la tête tranchée, par exemple, tandis qu'un non noble, coupable du même crime, doit expirer ſuſpendu à un gibet. Par cette ſeule diſpoſition, vous avez déclaré qu'il y a des ſupplices infâmes, & d'autres qui ne le ſont pas ; par cette ſeule diſpoſition vous avez fait que celui dont le frere ou le pere a eu la tête tranchée, ne ſouffre point dans ſon honneur, parce que le ſupplice même ſubi par ſon frere ou ſon pere, prouve qu'il appartient, lui, à la claſſe privilégiée des citoyens. Par cette ſeule diſpoſition, au contraire, vous avez fait que celui, dont le pere ou le frere, a fini par le ſupplice ignominieux du gibet, eſt infailliblement déshonoré, parce que le genre de ſupplice ſubi par ſon frere, prouve que ſa famille appartient à la claſſe avilie des citoyens, à la claſſe que les lois n'ont pas conſidérée, & de l'honneur de laquelle elles ne tiennent aucun compte.

Une autre diſpoſition de vos lois, non moins atroce, eſt celle par laquelle vous dégradez de nobleſſe un privilégié avant que de l'envoyer au ſupplice. Par-là, vous faites deux choſes. D'abord, vous ſemblez dire au peuple, que les crimes ſont faits pour lui, puiſqu'avant de punir le noble, vous le rejetez dans la claſſe du peuple, comme indigne d'appartenir à une claſſe plus élevée, & puis vous produiſez préciſément le même effet qu'avec la diſtinction des ſupplices ; car, en retranchant le noble de ſa famille par une dégradation de nobleſſe, d'une part, vous conſervez l'honneur de ſa famille ; d'autre part, vous humiliez, vous outragez la claſſe du peuple, dans laquelle vous le faites deſcendre.

Mais, maintenant,

Si telles font les conféquences du pouvoir arbitraire, que par-tout où il regne, indépendamment des maux particuliers, dont il eſt la cauſe, il tend à opérer la plus grande dégradation de l'homme, & la corruption la plus active des principes moraux qui doivent le diriger, fous quelque forme que ce pouvoir fe montre, ou qu'il fe déguiſe, il conviendroit donc de le pourſuivre, on auroit donc un puiſſant intérêt à le combattre.

Or, n'eſt-ce feulement que dans notre régime politique que le pouvoir arbitraire fe laiſſe appercevoir ? N'exiſteroit-il pas encore dans la plupart de nos inſtitutions, & parce que dans un même empire, il y a une forte de fraternité fecrette entre toutes les lois, attendu que c'eſt fous l'influence des mêmes principes qu'elles fe forment, ne le trouveroit-on pas agiſſant

---

Réfléchiſſez - y bien, & vous verrez que c'eſt uniquement de cette double diſpoſition de vos lois, que réſulte le préjugé que je combas ici. C'eſt déjà un très-grand mal qu'il y ait des nobles & des non-nobles ; & il ne me feroit pas bien difficile de prouver que toute légiſlation parfaite eſt impoſſible, par-tout où une telle diſtinction eſt établie. Mais, puiſque cette diſtinction exiſte parmi vous, encore ne falloit-il pas y avoir égard juſques dans le fanctuaire des lois. Pour la loi, il ne peut y avoir que deux eſpeces de perſonnes, des coupables & des non coupables, & le châtiment réſervé au crime, doit réſulter de la nature du crime, & jamais de la qualité des individus qui le commettent.

Obſervez de plus, qu'ici vous puniſſez en raiſon inverſe de ce que vous devez punir. Car, pour le même crime, vous faites mourir le noble & vous conſervez fon honneur & celui de fes proches, tandis qu'en faiſant mourir l'homme du peuple, vous le déshonorez, lui, & les ſiens. Vous puniſſez donc l'homme du peuple, plus que le noble ? & cependant le noble qui jouit de toutes les diſtinctions de la ſociété, n'a-t-il pas plus de motif pour fe bien conduire, que l'homme du peuple ? Et pourquoi donc, alors, puniſſez-vous celui-ci davantage ?

En deux mots : voulez-vous que le fupplice, en même temps qu'il fera juſte, ne déshonore perſonne, pas même l'accuſé, qui, en le fubiſſant, acquitte fa dette envers la ſociété ? Faites que, comme en Angleterre, il ſoit le même pour tous : puiſqu'il vous faut du fang, pendez, ou tranchez la tête ; mais, que l'un de ces fupplices ne foit pas réſervé à une claſſe d'hommes, tandis que l'autre, fera réſervé à une autre claſſe : alors, le fupplice n'avilira aucune condition de la ſociété, & le crime d'un feul n'influera pas fur l'honneur & la deſtinée d'une famille entiere.

dans

dans la plus grande partie de nos lois, comme dans le système de notre administration, dans nos lois, surtout, qui ont plus particuliérement la sûreté & la liberté de l'homme pour objet ? ne seroit-il pas possible de prouver que ces lois, empreintes, pour ainsi dire, du même esprit que notre système d'administration, laissent, comme lui, un cours trop libre aux volontés particulieres, que faisant, dans beaucoup de circonstances trop dépendre un homme d'un autre homme, elles ne tendent aussi à développer en nous que des affections craintives, & puisque j'ai prouvé que c'est de la crainte que naissent tous nos vices, de même que c'est à la confiance qu'il faut rapporter toutes nos vertus, aurois-je tort, si je prétendois que ces lois ont aussi un caractere d'immortalité qu'on ne sauroit trop se hâter de leur faire perdre ?

J'ai déja eu occasion de faire remarquer ailleurs combien nos lois de police, production immédiate du pouvoir arbitraire, ont influé sur la dépravation de nos mœurs, & comment, en gouvernant les hommes par la terreur, la défiance & le soupçon, en les soumettant à des volontés sans regle, à une autorité dont la mesure varie, suivant les circonstances & les principes des personnes qui en font les dépositaires, elles nous ont insensiblement dépouillé de notre ancienne énergie, elles ont fini par dégrader toutes nos habitudes.

Mais, n'ai-je pas le même reproche à faire à nos lois criminelles ? Ne puis-je pas démontrer que, malgré l'appareil des formes les plus séveres, ici, comme dans nos lois de police, on retrouve des volontés sans regles, on remarque un genre d'autorité qui peut facilement devenir arbitraire, & qui, pour le malheur d'une foule d'innocens injustement condamnés, ne l'est que trop souvent devenu ?

Je ne veux pas m'écarter de mon sujet, & mon dessein n'est point encore, en faisant une analyse raisonné

de nos lois criminelles (1), d'en manifester tous les abus,
je m'en tiens, quant à présent, à la seule disposition
de ces lois, qui accorde aux premiers juges la faculté
de décerner de décrets comme ils l'estiment convenable, c'est-à-dire, qui laisse à la merci d'un seul homme,
(le lieutenant-criminel), de deux hommes au plus,
(le lieutenant criminel & le procureur du roi) le droit
de disposer de la fortune, de l'honneur, de la liberté,
souvent même de la vie de leurs concitoyens.

Si vous voulez bien observer que tout est secret dans
nos procédures criminelles ; que presque par-tout, les
lieutenans-criminels les dirigent dès les premiers ; que
personne n'assiste à la rédaction des témoignages qu'ils
reçoivent ; que s'ils sont égarés par leurs propres passions, ou mûs involontairement, par les passions des autres, ils sont les maîtres de faire fléchir ces témoignages
à leur gré (2).

Et si, à ce pouvoir formidable, que la loi leur
accorde, vous ajoutez le pouvoir non moins formidable de décréter, sur les conclusions d'un homme qui
peut être prévenu comme eux, les accusés qu'ils veulent perdre, de ne point décréter les accusés qu'ils veulent sauver, de laisser aux uns ou aux autres plus ou

---

(1) Dans l'ouvrage que je médite sur la législation, je me
propose de parler avec quelqu'étendue des lois criminelles, & des
principes d'après lesquels elles doivent être rédigées, suivant les
divers systêmes des gouvernemens, & la sévérité plus ou moins
grande des mœurs, & les progrès plus ou moins avancés de la civi-
lisation. Il me semble, malgré les efforts de tant d'écrivains célè-
bres, que les principes les plus universels de la législation sont
encore ignorés, & qu'il reste à faire, sur cette matiere importante,
un ouvrage plein de vérités d'un ordre très-élevé, qu'on n'a pas
encore apperçues.

(2) C'est-là un des plus grands inconvéniens de notre procédure
secrette. La plupart des témoins qui déposent sont des gens du
peuple qui ne savent pas distinguer la valeur des expressions
qu'on emploie pour rédiger leurs dépositions. Or, qui ne voit
qu'il est une maniere de rédiger une déposition, qui peut en
augmenter ou en diminuer l'effet, selon le bon plaisir du juge ?
Il n'en seroit pas de même si les témoins déposoient en public
ou du moins, en présence de plusieurs juges ; alors, un seul
homme ne seroit pas le maître des témoignages, & il seroit
difficile qu'on fît parler les témoins en deçà ou au delà de ce
qu'ils ont voulu dire.

moins de facultés pour se défendre, de resserrer, d'étouffer, de dissiper, par la nature de leurs décrets, les accusations qui leur déplaisent, dites-moi, n'ai-je pas grande raison de prétendre qu'ils exercent sur l'honneur, sur la fortune, sur la liberté, quelquefois même sur la vie de leurs concitoyens, un empire non moins arbitraire, que celui qui est aujourd'hui l'objet de vos justes réclamations ?

Réfléchissez sur ce qui s'est passé dans cette affaire ? je ne rappelerai pas quelques faits, dont j'ai rendu compte dans mes précédens mémoires ; j'en tairai d'autres que je pourrois faire connoître encore, & je m'en tiens uniquement à ceux que renferme cet écrit (1).

---

(1) J'ai tort, & il faut au moins que je rassemble dans une note, la plupart des faits, soit déjà connus, soit encore ignorés, qui concernent M. le procureur du roi & M. le lieutenant-criminel.

C'est quelques semaines, environ, avant la publication de mon premier mémoire, que nos relations judiciaires avec M. le procureur du roi & M. le lieutenant-criminel, ont commencé pour n'être plus interrompues.

Il y avoit plus d'une année que M. le procureur du roi avoit, dans son cabinet, la procédure instruite à la requête du sieur Kornmann, contre la dame Kornmann, le sieur Daudet, & les complices du sieur Daudet.

Cette procédure lui étoit parfaitement connue ; mais, dans le cours de l'année dont je parle, il avoit été dispensé de donner des conclusions par deux raisons :

D'abord, parce que, comme on l'a vu dans mon premier mémoire, depuis le moment où la procédure avoit été portée dans le cabinet de M. le procureur du roi, jusqu'à l'assassinat du sieur Kornmann, M. le Noir, & les autres adversaires du sieur Kornmann, avoient engagé celui-ci à suspendre son attaque, en lui faisant entrevoir, par de fausses négociations, l'espoir d'être satisfait sur tous les objets de ses réclamations ou de ses plaintes.

Ensuite, parce que depuis l'assassinat du sieur Kornmann, jusqu'à l'époque que nous avions déterminée pour publier mon premier mémoire, le sieur Kornmann avoit cru devoir endormir la funeste activité de ses adversaires, en suspendant lui-même toutes ses démarches.

Mais l'époque de la publication de mon premier mémoire étant arrivée, les choses changeoient. Il falloit que le sieur Kornmann, recommençât ses poursuites, & nous ne pouvions aller plus avant, sans que M. le procureur du roi ne donnât ses conclusions.

En conséquence, (tout ici devient remarquable,) le sieur

Que voyez-vous ici ? D'une part, un pere de famille auquel, jusqu'à préfent, vous n'avez pu faire
aucun reproche fupportable, dépouillé par une bande

Kornmann fe rend chez M. le procureur du roi, & lui demande
fes conclufions.

M. le procureur du roi promet de les donner.

Les femaines s'écoulent, & M. le procureur du roi ne tient
pas fa promeffe.

Le fieur Kornmann infifte, & lui écrit, pour l'en faire reffou-
venir, une lettre refpectueufe.

M. le procureur du roi ne répond pas à cette lettre, & le
fieur Kornmann prend patience pendant dix jours.

Au bout de ce terme, le fieur Kornmann infifte de nouveau,
& il écrit, à M. le procureur du roi, une feconde lettre, auffi
refpectueufe, mais plus ferme que la premiere.

M. le procureur du roi ne répond pas davantage à cette feconde
lettre, & le fieur Kornmann prend encore patience pendant dix
jours.

Au bout de ce fecond terme, le fieur Kornmann voit très-
bien que ce qui arrête M. le procureur du roi, c'eft la crainte de
compromettre M. le Noir, avec lequel il a des liaifons intimes,
s'il conclut dans une affaire où celui-ci eft trop fortement impliqué.

D'après cela, il paroît au fieur Kornmann que M. le procureur du
roi ne conclurra que lorfqu'il ne pourra s'en difpenfer.

Il faut donc que le fieur Kornmann le mette hors d'état de s'en
difpenfer, & pour y parvenir, il prend le parti de le faire fommer
par un huiffier, de fatisfaire à la demande qu'on lui fait.

A l'afpect de la fommation, M. le procureur du roi s'écrie qu'on
lui manque de refpect ; comme fi le refpect, de la part d'un homme
qui demande juftice, confiftoit à attendre le bon plaifir d'un juge,
pour qu'elle lui foit rendue !

Cependant, forcé de s'expliquer, M. le procureur du roi déclare
enfin qu'on aura des conclufions fous peu de jours.

Et M. le procureur du roi manque encore à fa promeffe.

Là commencent les conférences tenues chez lui, tantôt avec
le jurifconfulte, confeil à cette époque du fieur Kornmann & de
M. le Noir, tantôt avec M. d'Eprémefnil, M. l'abbé Sabatier &
M. le Noir.

On fait quelle a été l'iffue de ces conférences.

On fait comment M. d'Eprémefnil fut invité à propofer au fieur
Kornmann, de la part de M. le Noir, le rembourfement le
plus prochain, de ce qui lui eft dû dans l'affaire des Quinze-
Vingts, c'eft-à-dire, d'une fomme de plus de fix cents mille livres,
s'il vouloit confentir à la fuppreffion de mon mémoire, prêt à
paroître.

On fait comment le fieur Kornmann refufa cette offre ; comment, enfuite, M. le procureur du roi, dans deux lettres, où
il montre la plus révoltante partialité contre le fieur Kornmann,
l'une à M. le Garde des fceaux, & l'autre à M. le Noir, nie qu'il
ait jamais été queftion de cette affaire chez lui, tandis que M. d'E-
prémefnil, dans une déclaration très-détaillée, prouve précifément
le contraire.

d'hommes affreux , de toutes les efpeces de biens qu'il
tient de la nature & de la fociété , réclamant fon honneur , qu'ils lui ont ravi , fon époufe qu'ils ont corrom-

---

Tout le monde s'attendoit , après de telles lettres , que M. le procureur du roi s'abftiendroit des fonctions de fon miniftere dans
l'affaire du fieur Kornmann , & tout le monde eft trompé.

M. le procureur du roi garde fes fonctions , & enfin mon
mémoire ayant paru , & ne pouvant plus différer les conclufions
qu'on lui demande , il commence fon miniftere par diftinguer
entre les accufés , par conclure contre le fieur Daudet & la
dame Kornmann , à un décret d'ajournement perfonnel , & ne
rien conclure contre le fieur de Beaumarchais , afin qu'il puiffe
fuivre , en liberté , la plainte extravagante qu'il avoit rendue
contre nous.

Les conclufions de M. le procureur du roi ainfi arrangées , font
portées , avec la procédure , chez M. le lieutenant-criminel.

Autre fait remarquable : M. le lieutenant-criminel croyoit alors le
fieur Kornmann bien fondé dans fes accufations.

Il parcourt la procédure , & les charges lui paroiffent fi fortes
contre la dame Kornmann & le fieur Daudet , qu'il eft prêt à décerner un décret de prife-de-corps contre l'un & l'autre.

Le fieur Kornmann en eft inftruit , & voulant , à tout prix , fauver
la dame Kornmann , & ne pouvant fe déterminer à la confondre
avec la troupe de miférables qui l'ont égarée , il fupplie M. le
lieutenant-criminel de ne décerner contre elle , qu'un décret *d'affigné pour être oui.*

M. le lieutenant-criminel , fentant qu'il ne peut accorder ce qu'on
lui demande , fans contrevenir , en quelque forte , à la loi , qui ne
permet pas que des accufés d'un même délit , foient traités d'une
maniere différente , exige une lettre de la part du fieur Kornmann ,
qui , en cas de befoin , puiffe devenir , auprès des magiftrats fupérieurs , fon titre & fon excufe.

Le fieur Kornmann écrit cette lettre.

M. le lieutenant-criminel ne fe trouve pas encore affez juftifié , &
il veut que le fieur Kornmann lui préfente une requête motivée , dans
laquelle il expofe pourquoi il defire que la dame Kornmann ne foit
décrétée que *d'affigné pour être oui.*

On promet cette requête , & on y travaille.

Tandis qu'on y travaille , on penfe que la crainte d'un *décret de
prife-de-corps* peut faire , fur la dame Kornmann , une impreffion
affez falutaire pour la déterminer à renoncer enfin à la fociété
qui l'a perdue , & on fe décide à ne préfenter la requête , que
lorfqu'on l'aura fait confentir à renoncer *folemnellement* à cette
fociété déteftable.

La dame Kornmann eft en effet ébranlée , & je crois toucher
au moment où j'aurai la fatisfaction de la rappeler à fes devoirs ,
& d'augmenter , par la démarche que je lui fais fuggérer , l'intérêt
que j'avois excité en fa faveur , même en écrivant contre elle.

On s'en apperçoit dans le parti contraire , & , parce qu'on imagine que fi elle s'en détache , elle pourroit bien s'expliquer avec trop
de vérité fur les hommes qui l'ont favorifée dans fes défordres ,
on juge qu'il importe de l'affranchir fur-le-champ , par toute autre

pue , fa fortune qu'ils ont envahie , & dont les reftes lui font encore difputés ; à côté de ce pere de famille , l'homme qui s'eft occupé de le défendre , l'homme

---

voie que par la requête , de la peur d'être décrétée de prife-de-corps. En conféquence , on agit auprès de M. le lieutenant-criminel , & ce magiftrat , changé comme en un inftant , n'attend plus la requête du fieur Kornmann , fe contente de fa lettre , & , fans le prévenir , non plus pour lui complaire , mais , parce que cela convient à fes adverfaires , il ne décerne contre la dame Kornmann , qu'un décret *d'affigné pour être oui.*

Ainfi la dame Kornmann , raffurée fur le décret de prife-de-corps , par toute autre voie que celle que M. le lieutenant-criminel avoit jugée néceffaire , s'abandonne plus que jamais à la fociété corrompue qui lui avoit été fi funefte , & M. le lieutenant-criminel n'héfite pas entre l'efpoir très-prochain de rendre une mere à fes enfans , une époufe à fa famille , une femme aux vertus qui la firent chérir autrefois , & la crainte coupable de compromettre , par des aveux trop finceres , des hommes que l'opinion publique a , depuis long-temps , dévoués à toute la févérité des lois.

J'abrege , car je ferois trop long fi je voulois tout dire.

Depuis , vous avez vu , dans cet écrit , & dans ceux qui l'ont précédé , comment M. le procureur du roi & M. le lieutenant-criminel , ont refufé au fieur Kornmann , l'infpection de fes lettres au fieur Daudet , dépofées au greffe par le fieur de Beaumarchais ; comment , contre les premieres regles du bon fens , je peux même dire , contre toute pudeur , ils ont permis au prince de Naffau , & fur-tout au fieur de Beaumarchais , d'informer contre nous ; comment , lorfque le fieur Kornmann a rendu plainte en diffamation contre l'*auteur du courrier de l'Europe* , & le *cenfeur* , & le *propriétaire de cette feuille* , ils n'ont daigné décerner aucun décret fur cette plainte ; comment , lorfqu'il a rendu plainte contre M. Lenoir , ils l'ont renvoyé à fe pourvoir pardevers le roi , dépouillant ainfi , de leur autorité privée , les magiftrats fupérieurs de la connoiffance des délits dont M. Lenoir eft accufé.

Ce n'eft pas tout ; & voici encore un fait qu'il faut que vous connoiffiez.

Vous favez que pendant le féjour du parlement à Troyes , plufieurs perfonnes ont été pourfuivies par le peuple , comme *Efpions Mouchards* , & que quelques-uns ont couru le rifque de la vie. Le dimanche 19 août 1787 , le fieur Kornmann fe trouve affailli en plein jour par quelques particuliers qui s'écrient qu'il eft un *Mouchard* , qu'ils le *connoiffent* bien , & en effet , il s'apperçoit *qu'il eft connu pour le fieur Kornmann.* Seul contre la multitude qu'on attroupe autour de lui , il n'échappe au danger qu'à l'aide de trois garçons cabaretiers , & de la garde , qui arrive à temps pour le délivrer. Il rend plainte fur-le-champ chez un commiffaire , & enfuite au châtelet ; fept témoins dépofent qu'il alloit être affommé , fi la garde & les garçons cabaretiers n'étoient accourus.

Eh bien ! fur des dépofitions fi graves , M. le procureur du roi & M. le lieutenant-criminel décretent , feulement *d'affigné pour être oui* , les affaillans ; & , après leur avoir fait fubir un interrogatoire

qui, s'oubliant lui-même, pour remplir une tâche si noble, n'a pas craint de partager son sort & ses dangers, de vivre de ses douleurs & de ses craintes, de s'approprier, en quelque sorte, son infortune & ses revers.

D'autre part, que voyez-vous ? Les oppresseurs de l'infortuné pere de famille, n'opposant, en public, à ses vives réclamations, qu'un silence qui prouve leur crime, ou des réponses qui le prouvent davantage ; mais, employant en secret, tout ce que l'intrigue a de plus dangereux, la mauvaise-foi de plus perfide, l'autorité de plus formidable, pour déconcerter l'effet des graves accusations qui leur sont intentées.

Or, je vous le demande, entre ces hommes & nous, que devoient faire M le Procureur du Roi & M. le Lieutenant-Criminel ? S'il leur étoit impossible de se maintenir dans cette espèce d'impassibilité que la Loi exige du Magistrat ; si parmi tant de malheurs & d'attentats, il leur en coûtoit de demeurer indifférens, de quel côté devoient-ils pencher ? Où les entraînoit la pitié, l'humanité, l'o-

---

pour la forme, M. le lieutenant-criminel les renvoie avec le sieur Kornmann à l'audience, comme s'agissant entr'eux d'une contestation de peu de valeur.

On se rappele d'ailleurs que précédemment, on n'avoit pas jugé à propos de faire aucune recherche sérieuse sur le premier assassinat du sieur Kornmann, & je dois dire ici que le sieur Kornmann & moi, bien convaincus depuis ce premier assassinat, & par d'autres circonstances encore, que nous ne trouverions dans les premiers juges aucune justice contre les attentats que nous pourrions leur dénoncer, nous avons pris le parti, il y a plus d'une année, de déclarer à la police que nous ne marcherions plus qu'avec des précautions suffisantes pour nous défendre. Quand les lois deviennent sans force pour protéger un citoyen, il reprend l'exercice de ses droits dans la nature, & nul ne peut, sans crime, l'empêcher d'en faire usage.

Or, d'après cette masse de faits, & ce que vous lisez dans le texte auquel cette note se rapporte, je crois que vous conviendrez sans peine que la prise à partie nous est bien acquise contre M. le procureur du roi & M. le lieutenant-criminel, & que si nous nous en abstenons, il faut moins l'attribuer à l'insuffisance de nos moyens, qu'à une modération dont nous avons donné trop de preuves ; mais, cette modération enfin peut avoir des bornes, & je souhaite que, dans cette circonstance, on ne m'oblige pas de les franchir.

pinion publique, les vœux de tous les gens honnêtes ? Quels hommes, dans cette lutte redoutable,
devoient-ils favoriser ? A qui leur auroit-on pardonné de prêter la force, & même, si je l'ose dire,
la complaisance de leur ministere ? N'étoit-ce pas au
persécuté, contre les persécuteurs ? Au foible, contre les puissans ? A l'homme tourmenté de toutes
les especes d'afflictions qui peuvent désoler une
ame humaine, contre les impitoyables auteurs de ses
longues miseres ?

Et cependant, qu'ont-ils fait ? Revenez sur toutes les circonstances qui les concernent dans cet
Écrit, & dites-moi, s'il ne vous semble pas que
dès le principe, ils n'aient eu d'autre but, l'un &
l'autre, que de se servir des formalités de la Loi,
comme d'autant d'obstacles pour empêcher l'innocence de prévaloir, comme d'autant de ressources
pour préparer au crime le plus scandaleux de tous
les triomphes ? Quand vous les voyez s'efforcer de
rendre inutiles toutes les plaintes toutes les demandes du sieur Kornmann, soit par la nature des
conclusions qu'ils donnent, soit par la nature des
Ordonnances qu'ils rendent, tandis que d'un autre
côté, ils accueillent avec un empressement remarquable, les plaintes les moins fondées, les demandes les plus extravagantes de nos adversaires; quand
vous les voyez finir par charger des liens d'un double Décret, le plus outragé de tous les époux, le
plus malheureux de tous les peres, & cela uniquement parce qu'il a invoqué contre des hommes détestables, les Lois qui protegent les droits des
époux & des peres ? Quand, moi aussi, je suis décrété; il y a plus: quand j'ai été menacé dans ma
liberté; moi que le sublime ministere que je rem-
plissois auprès d'un infortuné, devoit garantir de
toute atteinte! moi, j'ose le dire devant lequel la
regle elle-même devoit se taire, supposé qu'il se fût
trouvé, dans vos institutions, une regle assez in-
sensée pour mettre au nombre des délits, l'action
courageuse & pure qui fait aujourd'hui tout mon
crime; quand vous les voyez nous traitant, tandis

tandis qu'ils épargnent le Magistrat que nous avons
dénoncé aux Tribunaux comme coupable des abus
d'autorité les plus honteux ; tandis que ce Magistrat,
grace à leur indulgence , jouit de toute l'intégrité
de son état, & ; à la honte de la Nation qui le
souffre, & de l'Administration qui le permet, siege
encore dans le Conseil du Prince , d'où il auroit dû
être rejeté depuis si long-tems ; quand vous les voyez nous traiter ainsi , tandis , ce qui est bien plus
odieux , tandis qu'un homme auquel on ne peut
songer sans dégoût, comme sans effroi, le sieur
de Beaumarchais , c'est-à-dire , toutes les imposta-
res, toutes les bassesses, toutes les méchancetés ,
toutes les perfidies, toutes les scélératesses à la fois,
rassemblées autour d'un principe d'activité qui leur
donne le mouvement & la vie ; car , voilà le sieur
de Beaumarchais : Eh ! bien , tandis que le sieur de
Beaumarchais , qui s'est montré hors d'état de répondre à aucune de nos accusations, qui , dès-lors ,
est convaincu de tous les crimes que nous lui avons
imputés , exempt lui-même de tout Décret, pour-
suit en liberté , sous vos yeux , le cours accoutumé de ses intrigues, & se livre, avec une impudence qu'on ne supporteroit pas chez un peuple
plus généreux, à de nouveaux plans de jouissance,
à de nouveaux projets de fortune ; enfin , quand
vous voyez M. le Lieutenant-Criminel & M. le Procureur du Roi, disposer de cette grande contestation au point que les accusés y deviennent des accusateurs , & les accusateurs des accusés ; au point que
si l'instruction demeuroit plus long-tems en leurs
mains, les accusateurs, qui ont bien prouvé leurs
accusations , feroient punis comme coupables ; &
les accusés, qui n'ont rien prouvé , sinon qu'ils ne
peuvent se justifier, feroient absous comme innocens : dites-moi, pensez-vous qu'il soit possible de
disposer plus arbitrairement des droits & de l'honneur des Citoyens ! pensez-vous que , sans une injustice révoltante , on puisse nous refuser la faculté
de les poursuivre au nom des mœurs qu'ils se font
si peu mis en peine de venger , au nom des Lois,

dont ils n'ont fait servir les saintes formalités qu'aux sinistres desseins de nos adversaires ? Et si nous voulions bien nous abstenir de l'action que nous pourrions leur intenter, dites, si du moins nous n'avons pas rassemblé assez de preuves de partialité de leur part, pour obtenir que désormais ils ne nous soient plus donnés pour Juges.

Oh ! si j'avois été pauvre, foible, impuissant à me défendre, que serions-nous devenus ? Tant d'especes d'autorités réunies contre deux hommes, isolés de toute intrigue, & qui n'ont pour eux que la justice évidente de leur Cause, la timide conscience des gens de bien, & ce Dieu, qu'on n'écoute plus dans ce siecle de désolation, de tyrannie & d'attentats ; des hommes puissans nous poursuivoient, & nous nous jetions dans le sein des Lois pour nous garantir de leurs atteintes, & les Lois nous ont saisi comme des coupables ; & telle est aussi leur perfidie, que l'innocence est réduite à trembler devant elles, & que, toutes les fois que, dominés par quelque passion, ceux d'entre leurs Ministres auxquels elles ont confié la portion la plus redoutable de leur pouvoir, veulent ou opprimer, ou détruire, alors elles ne sont gueres plus autre chose dans leurs mains, qu'un moyen déplorable de déguiser les erreurs de la passion qui les meut, ou d'en légitimer les excès !

Hélas ! nous ne pouvons lire sans effroi, l'histoire de ces infortunés qui, victimes de condamnations injustes, ont terminé, dans la honte des supplices, des jours écoulés au sein de l'innocence & de la vertu ! En donnant des larmes à leur sort, il n'est aucun de nous qui ne se dise à lui-même : j'ai beau vivre dans la pratique des actions honnêtes, j'ai beau partager mes jours entre un travail utile à mes semblables, & un repos qui n'est destiné qu'à préparer, dans le calme de la réflexion, tout le bien que je peux leur faire ; ma conscience, les bonnes actions qui m'environnent, les projets de bienfaisance auxquels je me livre, rien ne suffit pour me rassurer : d'un moment à l'autre, je puis devenir l'objet d'une accusation capitale, & malgré l'innocence de ma vie entiere, un jour viendra peut-être où je périrai comme eux !

Eh bien ! d'où naît cette crainte, malheureusement trop fondée ? A qui nous faut-il imputer toutes ces condamnations qui laissent dans nos ames un sentiment si profond de tristesse, d'inquiétude & de terreur ? N'est-ce pas à ceux d'entre les premiers Juges, qui sont chargés de diriger les premiers pas de la justice dans la recherche & dans la punition des coupables ? Maîtres absolus, comme je viens de vous le dire, des informations, des décrets, des témoignages ; n'ayant sur toutes ces choses, d'autre regle à suivre que leur volonté ; irréprochables aux yeux de la Loi, pourvu qu'en faisant le mal, ils s'environnent de quelques formalités grossieres qu'elle leur prescrit, ne sont-ils pas les vrais, les seuls arbitres des procédures ? Quand il s'agit de ces assassinats juridiques, qui attestent avec tant d'éclat l'imperfection, aujourd'hui généralement sentie, de nos Lois criminelles, on ne remarque que les Arrêts des Cours qui les ont malheureusement ordonnés ; mais ces Arrêts, de qui sont-ils l'ouvrage ? Y a-t-il quelque justice, à les imputer, comme on l'a fait, aux Magistrats supérieurs dont ils émanent, eux, qui ne peuvent prononcer que sur les pièces qui leur sont offertes, que sur des informations faites loin d'eux, que sur des instructions auxquelles ils n'ont pas présidé ? Comment veut-on que, de tous ces papiers muets qu'on rassemble sous leurs yeux, sorte la Vérité qu'ils cherchent, si le premier Juge a eu quelque intérêt à la leur déguiser ? Comment y découvriront-ils la passion secrete qui a pu le mouvoir ? la prévention, qui a pu l'égarer ? les faux raisonnemens qui ont pu le séduire ? & si d'ailleurs, en les rédigeant, on n'a omis aucune des formalités commandées par la Loi, que leur reste-t-il à faire, avec les intentions les plus pures, la sagacité la plus scrupuleuse, que de consacrer sans le vouloir, sans le savoir, des œuvres d'iniquité ou d'erreur, dont ils sont bien loin d'être les complices ?

Ce ne seroit donc pas seulement dans notre systême d'administration, que des Magistrats supérieurs auroient à provoquer l'abolition du pouvoir
arbitraire; cette première tâche achevée, il leur en res-
teroit donc encore une autre également importante
à remplir; il faudroit donc aussi qu'ils fixassent les
regards du Prince sur toutes les dispositions de nos
Lois criminelles, qui ont revêtu d'une autorité
dont il est trop facile d'abuser, quelques-uns des
Ministres inférieurs de la Justice; il faudroit donc
encore aussi qu'ils s'attachassent à faire connoître
les conséquences fatales, & presque nécessaires,
d'une autorité si dangereuse, & si l'on veut enfin
établir au milieu de nous le règne de la confiance,
si l'on veut nous rappeler à toutes les vertus, dont
je vous ai prouvé qu'elle est l'unique source, &
préparer ainsi, dans l'ensemble de nos habitudes,
une révolution qui nous rende meilleurs & plus
heureux, il seroit donc également indispensable d'ob-
ténir de la bonté du Monarque, que dans le systême de nos Lois, comme dans notre système politique, un homme ne fût jamais à la merci d'un autre
homme, & que la destinée d'un citoyen ne dé-
pendît pas plus du caprice d'un Juge, que de la
volonté d'un Ministre.

Certes, je suis loin de chercher à me venger de
tout le mal que nous ont fait les deux Magistrats
dont je me vois contraint de censurer ici la conduite. Il est, je crois, bien démontré qu'on ne
peut nous priver du droit de les poursuivre, &
quand nous nous bornons simplement à demander
qu'ils ne soient plus nos Juges, il me semble que
nous donnons des preuves d'une modération dont
peu d'hommes, à notre place, seroient capables;
mais, que du moins ce que nous avons souffert
porte à réfléchir sur le genre de pouvoir dont ils
ont abusé; mais, que du moins on daigne s'occuper un peu de ce grand nombre de malheureux qui,
dans les dernières classes de la Société, sont expo-
sés tous les jours aux irréparables effets d'un pouvoir si funeste; mais, que du moins on se dé-

mande ce que peut, pour se défendre des passions
d'un Juge, l'homme du peuple, presque toujours
dépourvu de lumieres & d'énergie, lorsque nous-
mêmes, avec des lumieres & de l'énergie, nous
avons couru le risque d'en devenir les victimes,
& que l'exemple que nous offrons ici de la facilité
avec laquelle l'autorité des Lois peut devenir tyran-
nique dans les mains de quelques-uns de leurs
Ministres, contribue enfin, après tant d'autres,
à hâter le moment où, *avec la publicité* qui convient aux réformes importantes, on s'occupera de
faire disparoître de notre Code criminel, toutes les
traces du pouvoir arbitraire, sous l'influence duquel il se forma, & qui, malheureusement, ne s'y
font que trop remarquer (1).

Ainsi, cette Cause, à jamais mémorable, seroit
pour vous, comme un monument solemnel du vice
ou de l'insuffisance de la plupart des institutions qui
vous régissent.

En réfléchissant sur les conséquences fatales à la
Société, qu'entraînent à leur suite les désordres
domestiques, dont j'ai mis le tableau sous vos yeux,
je vous ai déja fait remarquer, combien vos Lois
morales font imparfaites, comme elles se font peu

______

(1) Il ne me feroit pas bien difficile de prouver, que c'est
parce que nos lois criminelles ont été rédigées à une époque
où le gouvernement tendoit à devenir arbitraire (sous Louis XIV),
qu'elles font si imparfaites, & sur-tout si peu favorables aux
accusés. Il y a un rapport nécessaire entre les lois, & sur-tout
les lois criminelles d'une nation, & la constitution politique
de son gouvernement ; & les lois criminelles ne peuvent atteindre leur perfection, que là seulement où le gouvernement est
constitué de maniere à respecter la liberté de l'homme, & les
droits qu'il tient de la nature. Le moment ne feroit donc pas
encore venu pour nous de réformer notre code criminel. Avant
tout, il faudroit nous donner une constitution politique, & ce
ne feroit qu'après qu'on auroit achevé ce grand ouvrage, qu'on
pourroit songer à une nouvelle rédaction de nos lois pénales.
En attendant tout ce qu'il conviendroit de faire, feroit de mo-
dérer, comme je l'observe ici, le pouvoir des premiers juges,
& de laisser aux accusés, de plus grandes ressources pour se défendre. Mais, je le répete, la réforme du code entier ne peut
avoir lieu que lorsqu'on aura déterminé les bases sur lesquelles
il convient d'asseoir notre constitution politique, & ce n'est pas
trop des lumieres répandues dans toute la nation, pour déterminer ces bases.

occupées d'entretenir au milieu de vous les affections douces qui préparent les mœurs, les habitudes
simples dont elles se composent, les sages opinions
qui les maintiennent (1).

En réfléchissant sur les vexations de tout genre
auxquelles a été exposé, de la part de votre Police, l'infortuné père de famille que je défends,
je vous ai fait aussi remarquer combien vos Lois
de Police sont désastreuses ; comme, au lieu de
prévenir les crimes, elles semblent, au contraire,
n'avoir pour objet que de les faire naître ; comme
elles ne tendent à développer en vous que des in-
clinations vicieuses, comme elles empêchent toutes
les affections qui devroient vous rapprocher ; comme
elles rongent, si je peux me servir de ce terme,
tous les liens qui vous unissent ; comment, en vous
isolant ainsi les uns des autres, elles vous font vivre dans un état de défiance & de guerre, essentiellement opposé à l'ordre de choses où vous avoit placé
la nature (2).

En réfléchissant sur tous les abus d'autorité que
se sont permis, contre des hommes irréprochables,
les deux Magistrats auxquels l'instruction de cette
affaire étoit confiée, vous pouvez voir encore combien vos Lois criminelles sont dangereuses ; comme
elles sont peu propres à rassurer l'innocence ; comme
souvent elles prêtent au crime un ministere favorable ; comme elles oppriment le pauvre ; comme
elles tourmentent le foible ; comme elles s'associent,
au besoin, à des projets d'intérêt ou de vengeance ;
comment, instituées d'après des maximes tyranni-
ques & fausses, elles sont essentiellement ennemies
de la liberté individuelle ; elles qui, cependant,
ne doivent exister que pour la protéger ou la défendre.

Enfin, en réfléchissant sur la maniere dont le
pouvoir arbitraire s'est déployé dans la plupart des
circonstances que j'ai rassemblées sous vos yeux,

____

(1) Voyez le premier mémoire du sieur Kornmann.
(2) Voyez encore le premier mémoire du sieur Kornmann.

toujours pour protéger le vice , toujours pour favoriser les mauvaises mœurs (1), toujours pour opprimer la probité malheureuse , toujours pour contraindre , pour flétrir même , s'il eût été possible , la
sainte énergie avec laquelle l'innocence , en butte
aux plus cruelles persécutions , a été proclamée ,
ou défendue (2) , vous acquerriez une preuve de
plus , & une preuve bien frappante , de la profonde
immoralité de vos lois politiques , des lois qui constituent votre système d'administration ; vous senti-
riez , plus que jamais , combien de telles lois , des-
tinées à consacrer tous les caprices de la puissance ,
sont incompatibles avec le bon ordre de la Société ,
avec les vertus publiques & privées ; avec le développement raisonnable des facultés de l'Homme ,
& tous les biens , soit physiques , soit moraux ,
que ce développement , sagement favorisé , doit
produire.

Cette affaire , bien que particulière , suffiroit donc
pour vous convaincre que vous avez tout à réformer
dans le système immense de vos lois ; que rien , ou
presque rien , ne s'y trouve combiné pour le bonheur individuel de l'homme , & encore moins pour
l'ordre moral , dans lequel il doit vivre sur la terre ;
que vos institutions , en un mot , sans analogie avec
les principes qui le constituent , ont plus pour objet
de l'asservir que de le gouverner ; de gêner , de tourmenter , de corrompre ses penchans , que de les ré-
gler ; d'abattre ses forces , que d'en déterminer l'usage.

Tant que vous avez eu des mœurs , vous n'avez
pas remarqué toutes ces choses , parce que les mœurs
dont je vous ai tant parlé , considérées sous un point
de vue nouveau , ne sont que la loi naturelle ,
agissant dans les consciences pour y développer les
idées éternelles du juste & l'injuste ; parce qu'aussi
long-tems que ces idées du juste & de l'injuste sont

____

(1) Ordre du roi , ou plutôt de M. Lenoir , qui enleve la dame
Kornmann à son époux , pour la remettre dans les mains du médecin Page.

(2) Arrêt du conseil qui supprime mes mémoires , comme calomnieux & contraires aux bonnes mœurs.

respectées , les autres lois , quelqu'imparfaites qu'elles soient , toujours sans force devant la loi naturelle , n'ont pas d'abus que celle-ci ne rende insensibles , pas d'inconvéniens qu'elle n'empêche ou ne prévienne.

Tant que vous avez eu des mœurs , vous n'avez pas remarqué toutes ces choses , parce qu'encore les mœurs sont aux lois ce qu'est à un vaste édifice , le ciment qui en lie & qui en recouvre tous les matériaux ; parce qu'aussi long-tems que le ciment subsiste , il vous est difficile d'appercevoir sous l'épaisseur & la forme de son enduit , les vices de construction de l'édifice , la mauvaise coupe des matériaux , le défaut d'assise ou de proportion qui regne dans la maniere dont ils sont assemblés.

Mais, maintenant que vous n'avez plus de mœurs, maintenant que le ciment qui déroboit à vos yeux les nombreux défauts de votre édifice politique ne subsiste plus, maintenant que vous pouvez voir à nu les diverses parties de l'édifice , il n'y a plus pour vous d'illusion : tout est changé. Surpris d'avoir habité si long-tems sous des ruines, vous sentez la nécessité d'une reconstruction nouvelle , & le moment est venu où il vous faut chercher d'autres lois , & déterminer d'après des idées plus simples & plus vraies que par le passé , un système social qui vous rende , avec vos mœurs que vous avez perdues , toutes les vertus , toutes les espèces de bien , que des mœurs énergiques & saines font éclore.

De si hautes considérations n'échapperont sûrement pas à l'orateur distingué (1) , dont je m'applaudis d'avoir fait choix pour être , auprès du tribunal suprême, l'organe de l'innocence & de l'infortune ; il sentira qu'en une telle occasion les intérêts de la morale universelle lui sont en quelque sorte confiés , & s'élevant à des idées dignes de la grandeur de son sujet , il fera ,

____

(1) Me. DU VERRIER.

du triomphe particulier d'un homme de bien, le triomphe, à la fois, de la raison & de l'humanité.

De si hautes confidérations échapperont encore
moins au magiftrat (1) éloquent, qui remplira dans
cette caufe les auguftes fonctions du miniftere public;
c'eft à lui fur-tout qu'il appartient de juger les lois,
en même temps qu'il les applique, de voir ce qu'elles
peuvent, pour favorifer les progrès du bien, pour
empêcher les progrès du mal, de les confronter fans
ceffe avec l'état préfent de la fociété, d'avertir tantôt
de leur imperfection, tantôt de leur infuffifance, &,
à travers cette prodigieufe variété d'événemens que
l'intérêt perfonnel, déguifé fous mille formes différen-
tes, reproduit chaque jour dans le fanctuaire de la
juftice, d'obferver le mouvement général des idées &
des mœurs, &, en conféquence de ce mouvement,
de préparer, par des réflexions fages & profondes,
toutes les grandes reftaurations dont une étude fuivie
de nos befoins & de nos maux lui fait fucceffivement
reconnoître l'importance & la néceffité.

De fi hautes confidérations frapperont également
les magiftrats fupérieurs qui doivent prononcer fur le
mérite des accufations que nous avons intentées. En
parcourant cette longue fuite de vexations, de perfidies, d'attentats, dont je leur ai fait la déplorable
hiftoire; en remarquant le concert de tous ces hommes
voués, depuis long-temps, à l'exécration des gens
de bien, & cependant encore impunis, pour défoler,
pour perdre un citoyen honnête, & le dépouiller
de tous les genres de propriété qu'il tient de la nature
& de la loi; en obfervant la marche de ces hommes
audacieux, & leur fatale influence fur les deftinées
publiques, & la perféverance fcandaleufe avec laquelle
ils s'efforcent de faire prévaloir fur les bons principes,
le fyftême de corruption qu'ils ont imaginé; en réfléchiffant fur toutes ces chofes, ils fentiront qu'une

---

(1) M. D'AMBRAY, avocat-général.

R

cauſe de l'importance de celle-ci ne devoit pas naître indifféremment dans tous les ſiecles ; que de même qu'il eſt des plantes vénéneuſes qui ne peuvent croître que ſur un ſol empoiſonné, il falloit auſſi que la ſociété fût préparée par une longue dépravation, pour nourrir & développer dans ſon ſein des hommes tels, que ceux que je leur ai dénoncés, & ils acquerront, de plus en plus, la triſte conviction que nous touchons à une de ces époques déſaſtreuſes, où, ſi l'excès du mal n'amene pas le bien, il ne reſte plus autre choſe que le travail convulſif d'une grande nation qui s'éteint, & l'éclatante diſſolution d'un empire.

Alors ils ſe pénétreront, s'il ſe peut, encore davantage, de l'importance des devoirs que le malheur des circonſtances leur impoſe ; & tandis que, d'une part, ils vengeront les mœurs outragées, par des condamnations ſéveres ; d'autre part, analyſant toutes les cauſes de notre décadence & de notre dépravation, ils s'efforceront de raſſembler autour du trône, toutes les vérités ſalutaires qu'on voudroit vainement en écarter ; & le moment arrivera enfin où, rendu à ſon peuple, qui n'eſpere qu'en lui, s'occupant de réparer, dans ces aſſemblées ſolemnelles qui firent autrefois la gloire & la proſpérité de la nation, les nombreuſes erreurs de vingt regnes précédens, proclamant dans le ſein de la confiance & de la liberté, des lois pleines de cette humanité douce qui repoſe dans ſon cœur, le monarque qui nous gouverne aujourd'hui, obtiendra de la reconnoiſſance publique, le titre de ROI-LÉGISLATEUR, titre impoſant & magnifique, & le ſeul qui, dans cet âge de lumiere, puiſſe flatter l'ambition des grands rois.

(Signé) BERGASSE.

Lorſque je me ſuis occupé de compoſer ce mémoire, Me Brazon devoit le ſigner ; mais, aujourd'hui que le cours de la juſtice eſt ſuſpendu, je ne peux plus m'adreſſer à lui pour l'autoriſer. Il faut donc

qu'on me permette ici de le revêtir de ma seule signature.

D'ailleurs, sans avoir eu jamais dessein de m'attacher au Barreau, mais dans l'intention (à laquelle,
au reste, j'ai promptement renoncé,) d'occuper une
place, soit dans la magistrature, soit dans l'administration, j'ai été reçu avocat au parlement de Paris,
en 1775, &, en cette qualité, on m'assure que je
puis donner à ce que j'écris une autorisation légale,
dans les causes qui me sont personnelles : ainsi je signe
seul.

Signé BERGASSE.

J'ai, je crois, rempli ma tâche dans l'affaire du
sieur Kornmann ; il s'en présente une maintenant plus
importante, & non moins sacrée à remplir ; je n'y
serai pas infidele.

* 9 7 8 2 3 2 9 7 5 7 0 3 2 *